MINUTO DA GRATIDÃO

MARCIA LUZ

MINUTO DA GRATIDÃO

O desafio dos 90 dias que vai mudar a sua vida

Luz da Serra
EDITORA

2ª Edição - Nova Petrópolis/RS - 2024

Editorial:
Luana Aquino
Estefani Machado

Capa:
Walk Publicidade

Revisão:
Rebeca Benício

Ícones de miolo: Freepik.com.br

Dados Internacionais de Catalogação na Publicação (CIP)

L979m Luz, Marcia.
   Minuto da gratidão : o desafio dos 90 dias que mudará a sua vida / Marcia Luz. – Nova Petrópolis : Luz da Serra, 2019.
   232 p. ; 23 cm.

   ISBN 978-85-64463-81-3

   1. Autoajuda. 2. Gratidão. 3. Desenvolvimento pessoal. 4. Autoconhecimento. 5. Felicidade. I. Título.

CDU 159.947
CDD 158.1

Índice para catálogo sistemático:
1. Autoajuda   159.947

(Bibliotecária responsável: Sabrina Leal Araujo – CRB 8/10213)

Todos os direitos reservados. Nenhuma parte desta obra pode ser reproduzida ou transmitida por qualquer forma e/ou quaisquer meios (eletrônico ou mecânico, incluindo fotocópia e gravação) ou arquivada em qualquer sistema ou banco de dados sem permissão escrita da Editora.

Luz da Serra Editora Ltda.
Rua das Calêndulas, 62
Bairro Juriti - Nova Petrópolis/RS
CEP 95150-000
loja@luzdaserra.com.br
www.luzdaserra.com.br
www.luzdaserraeditora.com.br
Fones: (54) 99263-0619

DEDICATÓRIA

Dedico este livro a Bruno Gimenes
e a Jober Chaves, dois grandes amigos
e parceiros de caminhada,
que me forçaram a seguir adiante
quando pensei em desistir.

A eles, devo muitos Minutos de Gratidão.

AGRADECIMENTOS

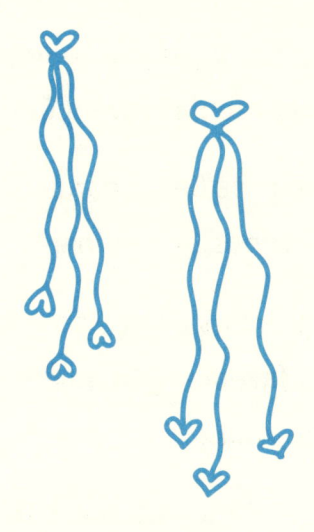

Considero-me incansável no desafio de espalhar a metodologia da gratidão em todos os cantos da Terra, e o que me energiza é poder contar com o auxílio de anjos que Deus coloca em meu caminho. São eles:

✓ Meu amado marido, Sergio Reis, que acredita e apoia todos os meus sonhos;

✓ Meus filhos Guilherme, Natália, Juliana e Raffaella, que me fazem ter motivos para ser grata o tempo todo;

✓ Minha mãe, que sempre se orgulhou de mim e me apoiou incondicionalmente, ajudando a transformar meus sonhos em realidade;

✓ Minha equipe de trabalho, que curte e vibra com cada uma das minhas invenções;

✓ À equipe Luz da Serra, parceira de caminhada, de missão e de propósito de vida;

✓ A todos os meus alunos dos cursos *on-line* da gratidão, que me fazem seguir adiante, apostando na transformação de vidas;

✓ E, acima de tudo, a Deus, pelos dons com os quais me presenteou.

SOU GRATA, SOU GRATA, SOU GRATA!

SUMÁRIO

PREPARE-SE, PORQUE A SUA VIDA
IRÁ SE TRANSFORMAR 16

ENTENDA COMO E POR QUE
A GRATIDÃO FUNCIONA 23

ORIENTAÇÕES PARA O DESAFIO
DOS 90 DIAS DO MINUTO DA GRATIDÃO 29

1º DIA – Abra o seu coração 36

2º DIA – A vida dá mais do mesmo 38

3º DIA – Mude o seu foco 40

4º DIA – Se você não se ama, não é capaz de amar 42

5º DIA – Você cultiva diálogos internos negativos? 44

6º DIA – Cuidado com as companhias negativas 46

7º DIA – Você é viciado em reclamar? 48

8º DIA – Aprenda a respeitar as diferenças 50

9º DIA – Um obstáculo pode
esconder uma oportunidade 52

10º DIA – 7 armadilhas que o impedem
de ser uma pessoa grata 55

11º DIA – Um elogio pode mudar o dia de alguém 57

12º DIA – Ensine um amigo a praticar a gratidão 59

13º DIA – Livre-se dos sintomas da depressão 61

14º DIA – Não deixe o seu relacionamento esfriar 63

15º DIA – Você é um bom exemplo para os outros? 65

16º DIA – Os benefícios da paciência 67

17º DIA – Como perdoar alguém
que traiu a nossa confiança? 69

18º DIA – Como conviver com pessoas negativas
sem se prejudicar 71

19º DIA – Ouvindo críticas e crescendo com elas 73

20º DIA – Como agir diante de pessoas agressivas 75

21º DIA – Como agir diante de pessoas mal-educadas ... 77

22º DIA – Chega de ingratidão 80

23º DIA – Praticando a gratidão
em meio a problemas financeiros 82

24º DIA - Como se livrar dos medos 84

25º DIA - Escolha os programas de TV
que você assiste 86

26º DIA - Pratique a autobondade 88

27º DIA - Aprenda a receber presentes 90

28º DIA - Quando a boca cala, o corpo grita 92

29º DIA - Como lidar com a dor da perda
de um ente querido 94

30º DIA - Cuidado com o vício de contar mentiras 96

31º DIA - Como encarar o fim
de um relacionamento 98

32º DIA - Inveja: um roedor de bons sentimentos 100

33º DIA - Como controlar o ciúme 102

34º DIA - A Síndrome do Papel Toalha 104

35º DIA - Aprenda a dizer "Não" 106

36º DIA - A semana do "Não" 108

37º DIA - A gratidão pode abrir portas
para um novo emprego 110

38º DIA - Como a gratidão melhora
o relacionamento com os filhos 112

39º DIA – Você sabe ouvir as pessoas? 114

40º DIA – 3 dicas para se tornar
uma pessoa mais positiva 116

41º DIA – Pare de correr atrás do dinheiro 118

42º DIA – Viva o aqui e o agora,
e acabe com a ansiedade 120

43º DIA – Você é uma pessoa mentirosa? 122

44º DIA – Aprenda 5 estratégias
para melhorar a sua autoconfiança 124

45º DIA – Desapegue-se do passado 126

46º DIA – Aprenda a trabalhar em equipe 128

47º DIA – "Não tenho tempo" 130

48º DIA – Como ser grato, mesmo
enfrentando uma crise financeira 132

49º DIA – Como eliminar a mágoa
em relação aos pais 134

50º DIA – Qual é o seu propósito de vida? 136

51º DIA – O hábito de agradecer
e o impacto na saúde física e emocional 138

52º DIA – Os benefícios da gratidão 140

53º DIA – Não seja refém das suas próprias emoções **142**

54º DIA – Não existe felicidade sem gratidão **145**

55º DIA – Conheça os 5 responsáveis pela sua tristeza **147**

56º DIA – Como os pais podem ensinar os filhos a praticarem a gratidão **149**

57º DIA – O medo de ser rejeitado **151**

58º DIA – Inveja: o que fazer com esse sentimento? **153**

59º DIA – 3 atitudes para uma vida de sucesso **155**

60º DIA – "Praga de urubu... não traz benefícios" **157**

61º DIA – Você sabe valorizar quem o valoriza? **159**

62º DIA – Fortaleça a sua fé **161**

63º DIA – Como lidar com a raiva utilizando a gratidão **163**

64º DIA – O medo pode derrotá-lo **165**

65º DIA – Blinde-se contra a mágoa através da gratidão **167**

66º DIA – Ria de si mesmo! **169**

67º DIA - Demonstre a sua gratidão **171**

68º DIA - Saber e não fazer, é ainda não saber **173**

69º DIA - Aja com sabedoria,
e não apenas por compaixão **175**

70º DIA - Formas e formas de dizer verdades **177**

71º DIA - Pare de prolongar o sofrimento **179**

72º DIA - Reaja diante das adversidades **181**

73º DIA - Construa pontes, e não barreiras **183**

74º DIA - Fale com sabedoria ou exercite o silêncio ... **185**

75º DIA - Dê o seu melhor até o final **187**

76º DIA - A glória e a derrota são passageiras **189**

77º DIA - A realização no trabalho
pode ser uma escolha **192**

78º DIA - Você se casaria com o primeiro candidato? ... **194**

79º DIA - Há sempre uma saída **196**

80º DIA - Valorize o que você já tem **198**

81º DIA - Para consertar o mundo,
conserte primeiro o homem **200**

82º DIA - Palavras comovem, exemplos arrastam **203**

83º DIA – O seu valor é maior do que as adversidades 205

84º DIA – Novos desafios renovam energias 207

85º DIA – Cuidado para não reclamar
de erros que você comete 209

86º DIA – Comprometa-se com a solução 211

87º DIA – Encontre motivos para ser feliz agora 213

88º DIA – Fique atento, pois a ajuda virá 215

89º DIA – Pare de reclamar e valorize o que possui 217

90º DIA – Livre-se de pesos desnecessários 219

A VERDADEIRA JORNADA COMEÇA AGORA 223

BIBLIOGRAFIA CONSULTADA 227

SOBRE A AUTORA: MARCIA LUZ 230

PREPARE-SE, PORQUE A SUA VIDA IRÁ SE TRANSFORMAR

É COM MUITO PRAZER QUE EU QUERO DAR BOAS-VINDAS a você, neste desafio do Minuto da Gratidão. Sim, estou falando de um minuto – 60 segundos, apenas –, que se você dedicar à prática da gratidão, com constância e propósito, vai transformar completamente a sua vida, levando-a para um novo patamar de resultados que jamais imaginou ser possível.

Pense como seria ter a vida de seus sonhos, com a autoestima reforçada, a saúde restabelecida, as emoções equilibradas, os relacionamentos fortalecidos, e a vida financeira crescendo vertiginosamente. Parece bom, não é mesmo? E tudo isso está a seu alcance, apenas dedicando um minuto por dia à prática da gratidão.

O quê? Parece bom demais para ser verdade? Você já passou da idade de acreditar em Papai Noel e Coelhinho da Páscoa? **E se eu disser que você não precisa acreditar para acontecer?** Basta praticar a metodologia todos os dias, nos próximos 90 dias, durante 1 a 2 minutos por dia, para ver com seus próprios olhos as transformações fantásticas que ocorrerão, não só na sua vida, mas também na vida das pessoas que o cercam.

Veja bem, não estou dizendo que será fácil, porque a maioria das pessoas inicia alguns movimentos importantes em suas vidas e não tem a perseverança necessária para seguir adiante. São aqueles que começam academia, escola de inglês, um novo negócio e, no primeiro obstáculo, comentam: "Essa mudança não é para mim". No entanto, posso assegurar que será simples e completamente transformador.

Praticar a gratidão com constância e propósito é a chave mais poderosa que abrirá o seu coração para receber as bênçãos que Deus tem para a sua vida e que só não chegaram até agora porque você não estava aberto para recebê-las. Estou falando de ter acesso a **relacionamentos saudáveis, oportunidades profissionais, ganhos financeiros, saúde equilibrada, autoestima reforçada, problemas superados, oportunidades** aparecendo de onde você menos espera, pessoas dispostas a colaborar com seus projetos, causas judiciais sendo resolvidas favoravelmente, e toda uma sorte de bênçãos chegando de várias direções.

Você descobrirá que a gratidão é capaz de operar verdadeiros milagres na vida de todos aqueles que a praticam com disciplina e método.

Atenção, não estou falando em dizer "muito obrigado" quando alguém faz uma gentileza a você; o nome disso é educação. Nem estou me referindo a pedir ou louvar quando você vai até a sua igreja nos fins de semana ou antes de dormir; o nome disso é oração.

Praticar a gratidão significa alterar a sua frequência vibratória, parando de olhar para os problemas, para concentrar-se nas bênçãos; desviando o olhar dos obstáculos, para ver as oportunidades. É deixar de olhar para o copo meio vazio, e perceber que ele está meio cheio.

E quando você é capaz de mudar a sua percepção, o seu olhar, a mágica acontece. Você será capaz de abrir as portas da saúde física e emocional, da prosperidade financeira, dos excelentes relacionamentos, das oportunidades de negócio, da autoestima reforçada, do perdão e cura de mágoas, e de tantas outras **bênçãos** que venho acompanhando ao longo dos meus 28 anos de trajetória como estudiosa do comportamento humano, e que tenho visto meus mais de 500 mil alunos alcançarem.

Agora, o mais impressionante de tudo isso é que você não precisa acreditar para acontecer. É como a Lei da Gravidade: ainda que você não acredite que, se soltar um objeto no ar ele vai cair, experimente fazer isso, e verá que contra fatos não há o que se questionar.

A gratidão funciona de maneira simples, rápida e poderosa, e você terá a oportunidade de vivenciar na própria pele os resultados dela durante o nosso desafio de 90 dias.

Então, abra o seu coração para receber todas as bênçãos que Deus e a vida vão começar a derramar sobre você nos próximos 90 dias, em que, juntos, manteremos nossa vida em fluxo para que tudo se encaixe e o Universo conspire a favor.

Imagino que, talvez, neste exato momento, sua mente esteja protestando e dizendo: "Até parece que um exercício tão simples, quanto praticar a gratidão por 1 ou 2 minutos por dia, será capaz de transformar completamente a minha vida. Alimentei crenças limitantes durante muitos anos para achar que tudo pode mudar tão rapidamente e de maneira tão poderosa".

Olha, eu entendo você. Embora tenha crescido em meio ao grupo de jovens da igreja, e, portanto, aprendendo a observar os efeitos que uma vida com propósito é capaz de gerar, eu mesma me surpreendi quando comecei a ouvir os relatos dos meus alunos, contando o que a prática diária da gratidão estava gerando na vida deles. Veja alguns exemplos:

- ✓ Restabelecimento da saúde;
- ✓ Cura de depressão e síndrome do pânico;
- ✓ Construção de relacionamentos saudáveis;
- ✓ Cura de mágoas e perdão;
- ✓ Reconciliações;
- ✓ Emagrecimento consciente;
- ✓ Superação de vícios;
- ✓ Prosperidade financeira;
- ✓ Ganho de causas na justiça;
- ✓ Dinheiro inesperado se materializando;
- ✓ Aumento de salário e promoções;
- ✓ Retorno para o mercado de trabalho;
- ✓ Ampliação da carteira de clientes, entre outros.

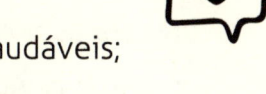

Confesso que, por muito tempo, me surpreendi com a rapidez com que eles começaram a apresentar resultados; inclusive, mais rápido do que eu. Hoje, percebo que a explicação para isso é perfeitamente concreta: eu acredito num Deus que adora nos dar presentes, mas

Ele também ama o livre-arbítrio, e jamais nos obrigaria a fazer algo para o qual não estamos preparados, ou aceitar uma bênção que, de fato, não desejamos. Então, Ele prepara as nossas bênçãos e vem até a nossa vida para entregá-las. Acontece que a chave do coração fica pelo lado de dentro e, se você não abre a porta, Ele volta para o céu triste, desanimado, com a benção que você se recusou a receber.

Pois bem, a gratidão é a chave que abre a porta do seu coração, e quando você se permite receber, a mágica acontece. "Pedi e recebeis; buscai e achareis; batei e vos será aberto. Porque todo aquele que pede, recebe; que busca, acha; e quem bate, abrir-se-á" (Mateus 7, 7-8).

Então, é chegada a hora de permitir que a sua vida se transforme com a prática diária da gratidão. Para isso, você só vai precisar dedicar de 1 a 2 minutos por dia, pelos próximos 90 dias. Os resultados começarão a chegar quase que imediatamente, e serão eles (e não eu) que o convencerão a seguir adiante.

E AÍ, PREPARADO PARA VIVENCIAR O MINUTO DA GRATIDÃO? ENTÃO, VEM COMIGO!

ENTENDA COMO E POR QUE A GRATIDÃO FUNCIONA

ANTES DE INICIARMOS A NOSSA JORNADA DIÁRIA do Minuto da Gratidão, preciso que você compreenda como, e por que, a gratidão é capaz de ter efeitos tão poderosos sobre a sua vida.

O ser humano funciona da seguinte maneira: dia e noite, alimentamos pensamentos que geram sentimentos equivalentes. Por sua vez, esses sentimentos nos mobilizam a agir de determinada forma, e essas ações começam a se repetir com constância, gerando hábitos. Os hábitos de um indivíduo formam o seu caráter, que define o seu destino.

Assim, é possível compreender que, se você alimenta pensamentos assertivos, será capaz de construir uma vida produtiva e feliz; por outro lado, se os seus pensamentos são nocivos, detonarão completamente os resultados que você é capaz de alcançar.

Agora, vou mostrar como nós, seres humanos, processamos dados e informações. Assim, você entenderá o que acontece quando seus pensamentos são de gratidão.

Quando praticamos a gratidão, deixando que ela dê o tom dos nossos pensamentos e sentimentos, ativamos o sistema de recompensa do cérebro, localizado em uma área chamada *Núcleo Accumbens*. Esse sistema é responsável pela sensação de bem-estar e prazer do nosso corpo.

O que acontece, nesse momento, é que o cérebro identifica que algo de bom aconteceu, que recebemos uma **bênção da vida**, que temos motivos para comemorar. Então, ele libera dopamina, um importante neurotransmissor, responsável por aumentar a sensação de prazer.

Paralelamente a isso, por outra via neural, a glândula pituitária estimula o hipotálamo a produzir e liberar a ocitocina – uma substância que **estimula o afeto, traz tranquilidade e reduz a ansiedade, o medo e a fobia** –, na corrente sanguínea.

É por isso que as pesquisas mostram que as pessoas que praticam a gratidão diariamente são mais otimistas, satisfeitas com a vida, e têm mais vitalidade. Sendo assim, o nosso cérebro só consegue desenvolver um tipo de sentimento de cada vez. Então, me diga: entre a infelicidade e a felicidade, qual delas você escolhe?

Quando você ocupa seu cérebro com a gratidão, consegue gerar a tranquilidade e equilíbrio necessários para superar os obstáculos que a vida naturalmente nos impõe, olhando tudo com positividade e leveza, **alcançando seus objetivos com mais facilidade e menos estresse**.

Isso não significa que você não terá problemas, mas se sentirá fortalecido para passar por eles com maior rapidez; e se sentirá mais preparado para lidar com as adversidades e encontrar novas soluções.

Uma das minhas alunas, a Gutha, passou por um momento de muita dor em sua vida. Estava fazendo uma viagem de carro, na companhia do marido e do filho, quando sofreram um terrível acidente, em que só ela sobreviveu. Por quase dois anos, tudo o que ela desejava diariamente era ter morrido junto com seus familiares. No limite da dor, navegando na internet, descobriu o meu método **"A gratidão transforma"** e, com a minha ajuda, conseguiu encontrar forças para renascer. Hoje, Gutha está feliz; ela decidiu fazer a minha formação de *Coach* Palestrante e dedica-se a apoiar outras pessoas que precisam se fortalecer e superar as adversidades. Esse é apenas um dos mais de 30 mil casos de alunos que tiveram a vida completamente transformada com a prática diária da gratidão.

O que a gratidão faz é mudar o seu FOCO, ou seja, você para de olhar para os problemas e começa a ver as bênçãos; deixa de prestar atenção aos obstáculos e enxerga as oportunidades; para de reclamar e começa a agradecer.

É O QUE IREMOS COMEÇAR A FAZER A SEGUIR.

VEM COMIGO!

ORIENTAÇÕES PARA O DESAFIO DOS 90 DIAS DO MINUTO DA GRATIDÃO

TALVEZ VOCÊ ESTEJA SE PERGUNTANDO: POR QUE 90 DIAS?

É o seguinte: até há pouco tempo, pensava-se que, para modificar e automatizar um hábito eram necessários 21 dias consecutivos; mas, graças ao estudo recente de Jane Wardle, do *University College de Londres*, publicado no *European Journal of Social Psychology*, hoje sabemos que, para transformar um novo objetivo ou atividade em algo automático, de tal forma que não tenhamos de ter força de vontade para cumpri-lo, precisamos de 66 dias.

Na pesquisa de Wardle, foram analisadas 96 pessoas, que deveriam escolher um comportamento diário que desejassem transformar em um hábito. A maioria delas escolheu uma atividade relacionada à saúde, como comer uma fruta no almoço diariamente ou fazer uma breve caminhada à noite.

O estudo durou 84 dias, nos quais os participantes compartilhavam seus resultados por meio de um site. Na maioria dos casos, levaram em média 66 dias até a formação de um hábito. No entanto, foram registradas variações. Aqueles que optaram por atividades mais simples, como beber um copo de água após o café da manhã, instalaram um hábito após uma média de 20 dias. Já um dos participantes, que optou por fazer exercícios físicos pela manhã, precisou de mais de 84 dias.

Bom, quero ajudá-lo a transformar a prática da gratidão em um hábito. Então, vamos prolongar o nosso treino para criar um novo caminho neural em seu cérebro, que se conecte com a gratidão, e não com a reclamação, como acontece com a maioria das pessoas. Quando terminar esse período, sugiro que siga adiante, porque as **bênçãos** continuarão chegando enquanto você praticar.

Resumindo: você me dá alguns minutos por dia, durante os seus próximos 90 dias, para ajudá-lo a colocar a sua mente no foco certo da gratidão, e a vida trará os resultados.

Veja agora como você deve realizar os exercícios:

A partir das próximas páginas você encontrará 90 pequenos textos que provocarão reflexões e questionamentos que irão desafiá-lo a ressignificar alguns conceitos sobre a forma com a qual vem lidando com a sua vida. Isso abrirá janelas para **novas possibilidades**, estimulando-o a agradecer.

Todos os dias, pela manhã ou antes de dormir, você vai pegar este nosso livro, vai ler o texto do dia, e anotar 3 motivos pelos quais se sente grato naquele dia.

Talvez, nos primeiros dias, você precise de um pouco mais de tempo para pensar nos motivos pelos quais agradecer; mas, com a prática, isso ficará cada vez mais fácil.

Agora, cuidado: é possível que a sua mente tente sabotá-lo, dizendo coisas do tipo: "Mas não aconteceu nada de grandioso no dia de hoje! Não ganhei na Mega-Sena; não fui promovido; nem encontrei o grande amor da minha vida. Por qual motivo vou agradecer?".

Veja bem, **a vida é feita de pequenos milagres**. Dessa forma, basta treinar o olhar para perceber que, à sua volta, neste exato momento, existem centenas de motivos pelos quais você pode ser grato. E, como **a vida dá mais do mesmo,** quanto mais você agradecer, mais irá atrair para o seu campo vibracional outras bênçãos para continuar agradecendo.

Acostume a sua mente a fazer agradecimentos diários, e assista de camarote os presentes chegando em sua vida numa velocidade surpreendente.

Deixe o seu livro em um local onde você tenha acesso fácil e diário, porque isso garantirá que seu compromisso com a gratidão seja realmente de 100% durante os 90 dias do nosso desafio. E, quando viajar, lembre-se de levá-lo junto com você.

E vou dar mais um presente para você, além das centenas de bênçãos que a vida começará a trazer a partir de hoje:

Você será presenteado com uma lista de frases de reprogramação mental, que será entregue em formato de *e-book* e áudios, para que possa ouvir todos os dias, antes de dormir e ao acordar.

Para solicitar o seu presente, basta entrar nesta página:
www.agratidaotransforma.com.br/presente20frases

E AGORA, VAMOS COMEÇAR A NOSSA JORNADA DO MINUTO DA GRATIDÃO

1º DIA

ABRA O SEU CORAÇÃO

Você já se perguntou por que luta, luta, luta e algumas coisas ainda não decolaram em sua vida? Talvez a área financeira, os relacionamentos, a autoestima ou a carreira?

Sabe o que pode estar faltando? Gratidão.

Não, eu não estou dizendo que você não é uma pessoa grata, talvez esteja apenas utilizando a gratidão da maneira errada.

Nos últimos 28 anos, já treinei e desenvolvi mais de 500 mil pessoas, ajudando-as a construir uma vida próspera e feliz em todas as áreas.

E agora, você vai descobrir como a GRATIDÃO pode ser a sua arma mais poderosa.

Sim, se utilizada da maneira certa, a gratidão realmente transforma os problemas em bênçãos, os obstáculos em oportunidades, a tristeza em alegria, a mágoa em amor, a escassez em prosperidade.

Abra o seu coração, e receba as bênçãos que a vida tem para você hoje!

REPITA COMIGO:
A GRATIDÃO TRANSFORMA

Agora, registre 3 motivos pelos quais se sente grato.

1._____
_____
_____

2._____
_____
_____

3._____
_____
_____

2º DIA

A VIDA DÁ MAIS DO MESMO

Durante todo o dia alimentamos o nosso subconsciente com frases que repetimos a nós mesmos, do tipo: "Isso não vai dar certo; não vai funcionar; eu não vou conseguir" etc. Acontece que o nosso subconsciente aceita isso como ordens dadas pelo consciente, que é o "capitão do navio". O subconsciente, como "marujo obediente", diz: "Sim, senhor capitão, o seu desejo é uma ordem!", e ele trata de fazê-lo virar realidade.

Então, é preciso mudar as frases que você diz para si mesmo, falando outras do tipo: "Eu posso; eu sou capaz; minha vida é um sucesso", ainda que não se sinta assim, porque o seu subconsciente vai procurar uma forma de fazer isso virar realidade.

✓ Agradeça como se as bênçãos já tivessem chegado em sua vida, pois isso vai acelerar a chegada delas.

✓ Olhe para as suas bênçãos, e verá mais coisas boas acontecendo; olhe para os seus problemas, e eles só irão aumentar.

✓ A vida dá mais do mesmo.

REPITA COMIGO:
A GRATIDÃO TRANSFORMA

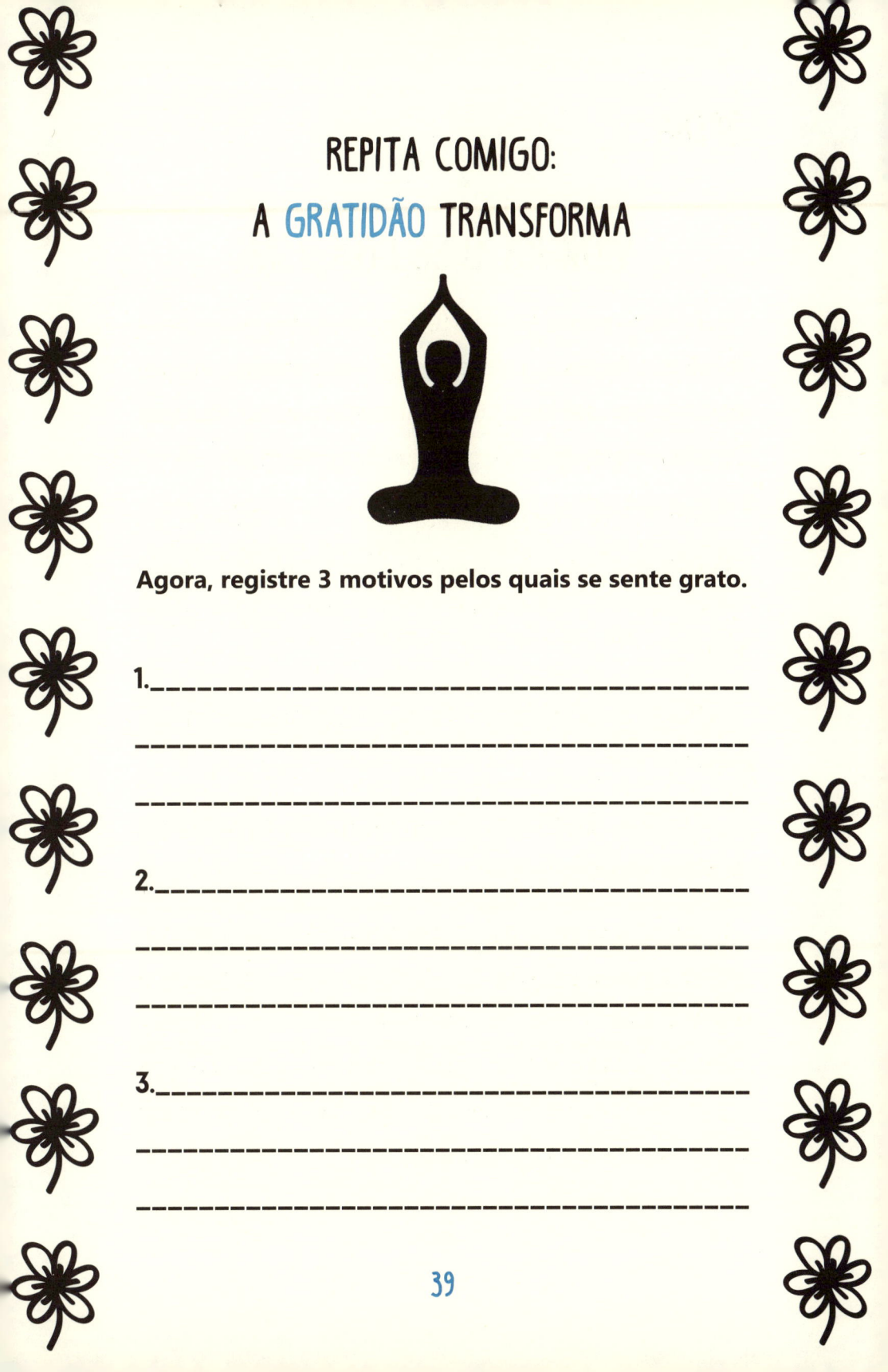

Agora, registre 3 motivos pelos quais se sente grato.

1._____
_____
_____

2._____
_____
_____

3._____
_____
_____

3º DIA

MUDE O SEU FOCO

A vida é uma grande feira com frutas e verduras invisíveis. Se você presta atenção nas maçãs, vai ver maçãs; se presta atenção nas laranjas, vai ver laranjas. E quando consegue enxergar, é capaz de pegar.

Você está prestando atenção nos problemas ou nas bênçãos? O que você mais comenta? O que você mais fala para você mesmo e para as pessoas que estão à sua volta?

Mude o seu foco, e os seus resultados vão mudar radicalmente.

Escolha olhar, hoje, para todos os presentes que já recebeu da vida.

Escolha olhar para as bênçãos; escolha simplesmente agradecer pela sua família, pelas roupas que possui no guarda-roupa, pelo local onde mora, pelo alimento de cada dia, pelo nascer e pôr do sol, pelo dia de chuva, pelo seu travesseiro gostoso. Você vai ver como a vida ficará mais colorida e feliz.

REPITA COMIGO:
A GRATIDÃO TRANSFORMA

Agora, registre 3 motivos pelos quais se sente grato.

1._____
_____
_____

2._____
_____
_____

3._____
_____
_____

4º DIA

SE VOCÊ NÃO SE AMA, NÃO É CAPAZ DE AMAR

Jesus falou: "Amai ao próximo como a si mesmo". Ele não quis dizer: "ame ao próximo bem pouquinho, ou quase nada, assim como faz com você".

Na verdade, o que Ele quis dizer foi: "Ame muito ao próximo, assim como você ama intensamente a você mesmo; criatura pela qual eu decidi dar a minha própria vida, de tão louco de amor que eu sou por você".

Ninguém dá o que não tem. Se você quer entregar amor de qualidade para as pessoas que são importantes em sua vida, comece amando a si mesmo.

Se você não se ama, não é capaz de amar o próximo.

REPITA COMIGO:
A GRATIDÃO TRANSFORMA

Agora, registre 3 motivos pelos quais se sente grato.

1._____
_____
_____

2._____
_____
_____

3._____
_____
_____

5º DIA

VOCÊ CULTIVA DIÁLOGOS INTERNOS NEGATIVOS?

Diálogos internos negativos são aquelas conversinhas sacanas que temos dentro da nossa cabeça, com nós mesmos, e que nos autodetonam. Eles são responsáveis pela falta de sucesso na vida amorosa, profissional e financeira.

Exemplos de diálogos internos negativos:

"Eu não faço nada direito."

"Esse tipo de coisa só acontece comigo."

"Estou velho demais para trocar de emprego."

"Meu chefe dirá que o meu trabalho ficou ruim."

E como mudamos isso? Substituindo os diálogos internos negativos por diálogos internos empoderadores.

Pegue a frase negativa que veio na sua mente, e fale o oposto, em voz alta.

No lugar de: "Esse tipo de coisa só acontece comigo", diga: "O que a vida está querendo que eu aprenda?"; substitua: "Estou velho demais para trocar de emprego", por: "Tenho uma longa vida pela frente, e maturidade para aprender com os novos desafios".

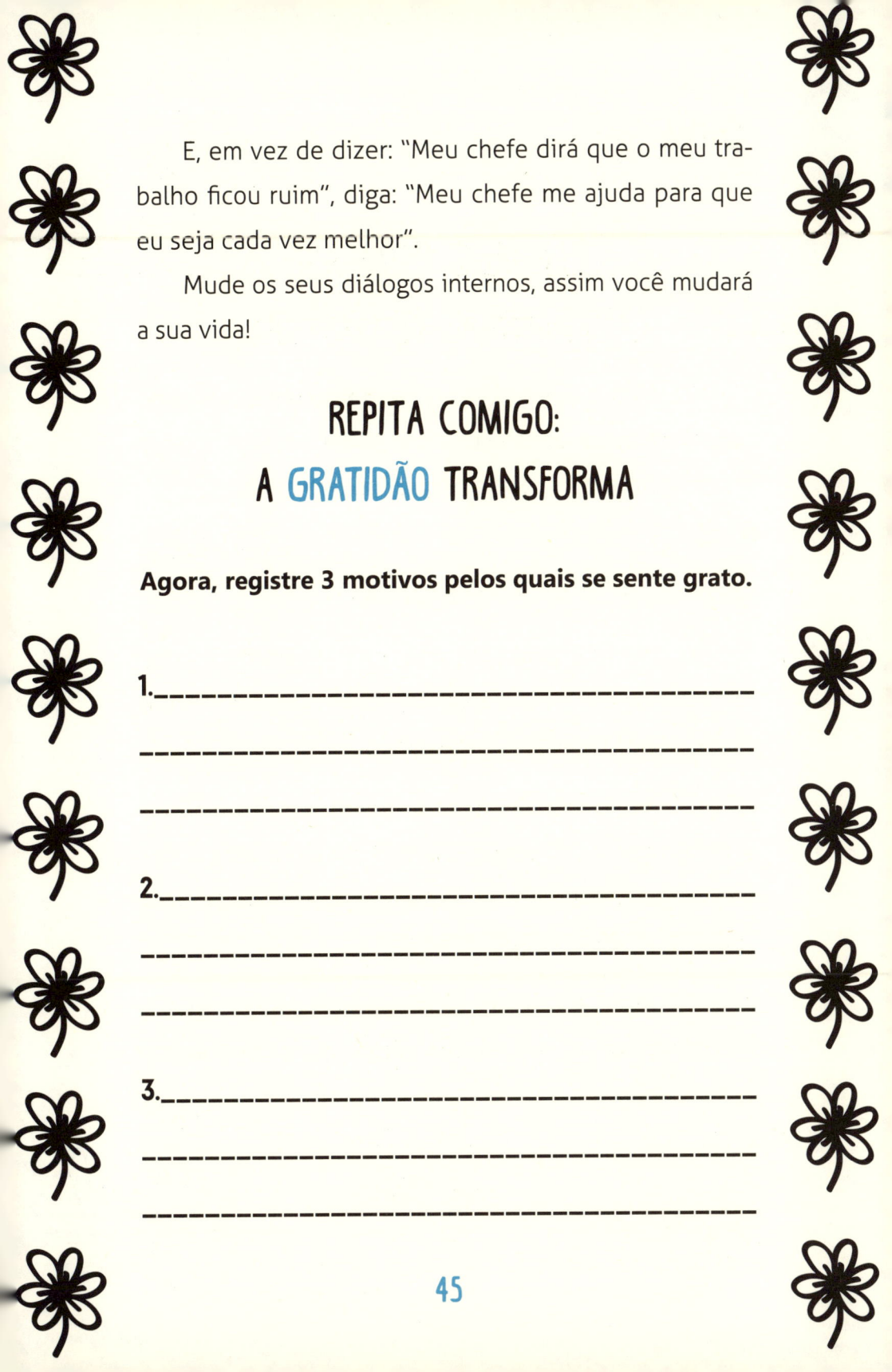

E, em vez de dizer: "Meu chefe dirá que o meu trabalho ficou ruim", diga: "Meu chefe me ajuda para que eu seja cada vez melhor".

Mude os seus diálogos internos, assim você mudará a sua vida!

REPITA COMIGO:
A GRATIDÃO TRANSFORMA

Agora, registre 3 motivos pelos quais se sente grato.

1._____
_____
_____

2._____
_____
_____

3._____
_____
_____

6º DIA

CUIDADO COM AS COMPANHIAS NEGATIVAS

Nós somos a média das 5 pessoas com quem mais convivemos. Se você está cercado de pessoas que o puxam para baixo, é assim que vai ficar.

Pessoas de bem com a vida enxergam possibilidades onde os outros veem obstáculos.

Escolha suas amizades, crie novos vínculos, e afaste-se daqueles que o fazem mal. Talvez, ao dar limite a essas pessoas, você as ajude a mudar.

Isso não é abandono. Ao tentar salvar alguém que está se afogando, enquanto você também está, morrem os dois. Primeiro, se fortaleça; depois, volte para ajudá-lo, se ele quiser e permitir.

Seja grato aos anjos, em forma de amigos, que a vida tem colocado em seu caminho ao longo dos anos.

REPITA COMIGO:
A GRATIDÃO TRANSFORMA

Agora, registre 3 motivos pelos quais se sente grato.

1._____
_____
_____

2._____
_____
_____

3._____
_____
_____

7º DIA

VOCÊ É VICIADO EM RECLAMAR?

Esses dias, vi uma mulher chegar no ponto de ônibus e perguntar se o transporte que ela desejava já havia passado. A resposta foi não. E, para minha surpresa, ao invés de a mulher ficar feliz, porque não havia perdido a condução, simplesmente começou a reclamar que não era possível a demora do ônibus. A queixa era tanta que as pessoas que aguardavam no local começaram a trocar olhares e, aos poucos, iam dando um passo para trás, na humilde tentativa de se afastar da tal "reclamona".

Reclamar é prejudicial, tanto para quem executa quanto para quem escuta. Além disso, reclamar é CLAMAR duas vezes pelo mesmo problema.

Então, o seu desafio de hoje é agradecer por algo que, normalmente, você reclama.

REPITA COMIGO:
A GRATIDÃO TRANSFORMA

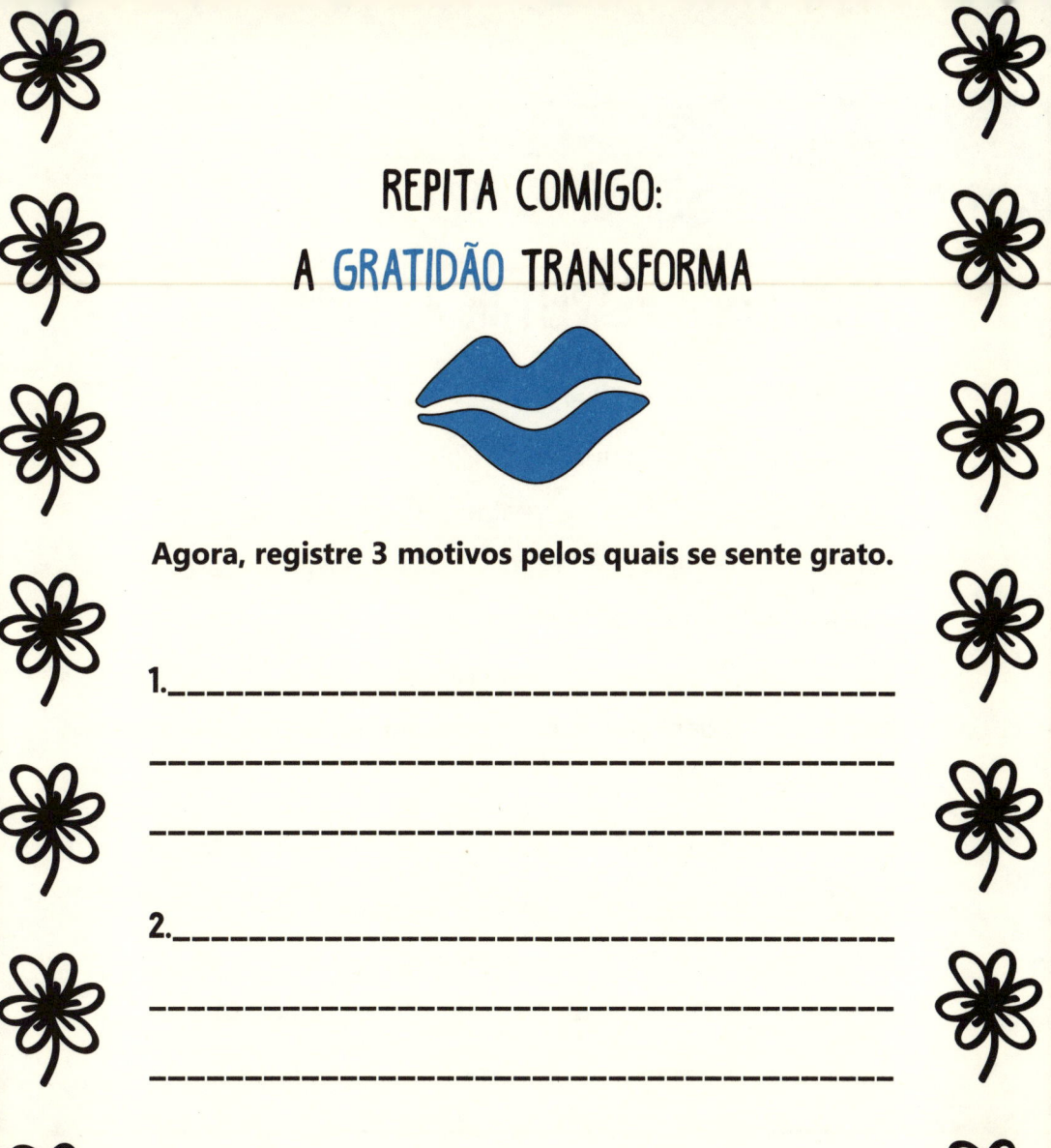

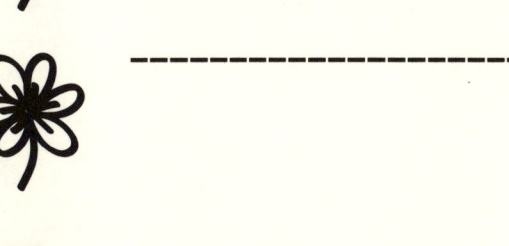

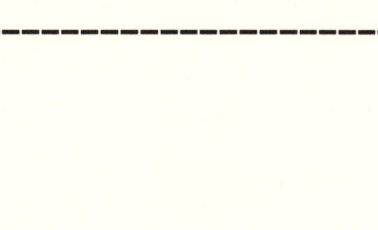

Agora, registre 3 motivos pelos quais se sente grato.

1._____
_____
_____

2._____
_____
_____

3._____
_____
_____

8º DIA

APRENDA A RESPEITAR AS DIFERENÇAS

Hoje vou ajudá-lo a aprender a respeitar as diferenças.

A primeira coisa que você precisa saber é que a realidade não é aquela que realmente parece ser, e sim, como a enxergamos. É como se nós usássemos lentes que a alteram, de acordo com o que gostaríamos de ver. Aliás, essa percepção não muda só de pessoa para pessoa, mas também para um mesmo indivíduo em situações diferentes.

Por exemplo, sabe quando você está morrendo de fome? Parece que todas as comidas do mundo estão apetitosas, até você comer demais e, logo depois de se alimentar, sentir enjoo só de olhar para o seu prato.

Nós estamos mudando de opinião, constantemente, a respeito de tudo, e não é ruim alguém pensar diferente de você, muito pelo contrário: **construímos novas ideias e pensamentos ao aprender com um ponto de vista diferente do nosso.** Somos seres em constante evolução, nunca saberemos de tudo.

Então, aprenda a ser grato pela a oportunidade de aprender com aqueles que pensam diferente.

REPITA COMIGO:
A GRATIDÃO TRANSFORMA

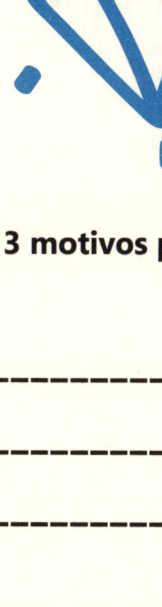

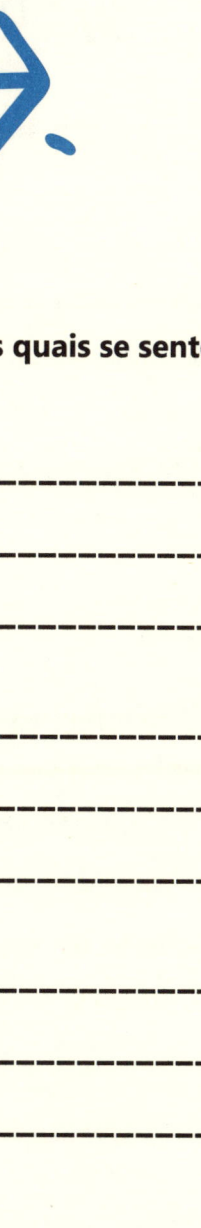

Agora, registre 3 motivos pelos quais se sente grato.

1._____
_____
_____

2._____
_____
_____

3._____
_____
_____

9º DIA

UM OBSTÁCULO PODE ESCONDER UMA OPORTUNIDADE

Você já notou que um obstáculo pode esconder uma oportunidade?

Quando uma dificuldade surge em seu caminho, qual a sua postura diante dela? Se fazer vítima e pensar negativamente, ou ver o lado positivo do problema e pensar positivo? Sei que vivemos em uma era na qual somos condicionados a olhar o lado ruim de todas as barreiras. Entretanto, se você prefere encontrar as soluções, saiba que é preciso decidir ver os problemas por outro ângulo.

Vou contar para você a Parábola do "Rei Sábio e o Camponês": Certa vez, um rei colocou uma pedra enorme no meio de uma estrada que ia para o seu castelo. Ele queria ver a atitude das pessoas que passavam por ali, e, por isso, se escondeu atrás de um arbusto para observar. Mercadores e homens muito ricos que viviam nesse reino passaram pelo local e, simplesmente, deram a volta pelo obstáculo. Alguns até falavam mal do rei, reclamando da sua má administração e por não manter as estradas em ordem; no entanto, nenhum deles tentou remover a grande rocha.

Então, um camponês muito simples, e com uma boa carga de vegetais, passou por essa mesma estrada. Ao se aproximar da pedra, ele pôs de lado a sua carga e tentou removê-la dali, por mais que tivesse espaço para contornar o obstáculo. Após muita força e suor, ele conseguiu empurrar a pedra para a beira da estrada. Ao voltar para pegar a sua carga de vegetais, notou que havia uma bolsa no local onde antes estava a pedra. A bolsa continha muitas moedas de ouro, joias preciosas e uma nota escrita pelo rei, que dizia: "O ouro estava destinado à pessoa responsável por remover a pedra do caminho".

O camponês, naquele momento, compreendeu o que muitos de nós nunca entendemos: todo obstáculo contém uma oportunidade para melhorarmos a nossa condição atual.

Seja grato aos obstáculos que o ajudam a crescer.

REPITA COMIGO:
A GRATIDÃO TRANSFORMA

Agora, registre 3 motivos pelos quais se sente grato.

1._____
_____
_____

2._____
_____
_____

3._____
_____
_____

10º DIA

7 ARMADILHAS QUE O IMPEDEM DE SER UMA PESSOA GRATA

Muita gente acredita que está praticando a gratidão, mas o faz da maneira errada e, por isso, não obtém resultados. Vamos ver as 7 armadilhas que podem estar impedindo você de evoluir e se tornar uma pessoa mais grata:

1. Concluir que gratidão é o mesmo que educação;

2. Achar que agradecer uma vez por semana, na igreja, é o suficiente;

3. Achar que agradecer uma vez por dia, antes de dormir, é suficiente;

4. Considerar que os seus problemas são os piores do mundo, e que Deus o está perseguindo;

5. Focar nos defeitos dos outros e nos seus próprios, sendo uma pessoa crítica demais;

6. Reclamar mais do que agradecer;

7. Dizer que a gratidão não funciona;

Que tal eliminar esses maus hábitos, neste momento?

REPITA COMIGO:
A GRATIDÃO TRANSFORMA

Agora, registre 3 motivos pelos quais se sente grato.

1. _____
_____
_____

2. _____
_____
_____

3. _____
_____
_____

11º DIA

UM ELOGIO PODE MUDAR O DIA DE ALGUÉM

Elogiar é um ato de amor; é uma atitude que nos faz muito bem. Entretanto, infelizmente nos esquecemos de fazer isso, embora estejamos sempre criticando.

Tem gente que não elogia, pois diz que "elogiar estraga". E, assim, as pessoas vivem a maior crise de autoestima de todos os tempos, já que perderam a capacidade de acreditar em si mesmas, porque ninguém reforça ninguém.

Quando elogiamos sinceramente uma pessoa, estamos demonstrando a nossa capacidade de reconhecer o valor que o outro carrega em si, e isso é uma arma poderosa.

Você já parou para pensar quantas pessoas não se sentem amadas? Quantas delas recebem, em casa, apenas palavras de ódio e rejeição? O quanto se sentem invisíveis aos olhos dos outros?

Elogiar é expressar a gratidão pela vida do próximo.

Então, escolha uma ou duas pessoas hoje, e faça um elogio sincero.

REPITA COMIGO:
A GRATIDÃO TRANSFORMA

Agora, registre 3 motivos pelos quais se sente grato.

1._____

_____

_____

2._____

_____

_____

3._____

_____

_____

12º DIA

ENSINE UM AMIGO A PRATICAR A GRATIDÃO

Quantas pessoas você conhece que reclamam o tempo todo? Quantos de seus familiares e amigos estão se sentindo infelizes e deprimidos?

A gratidão realmente transforma, e é nossa missão espalhar essa mensagem para o mundo, ser um guardião da gratidão.

É nosso papel, como corpo de Cristo, ajudarmos uns aos outros em nossa passagem pela Terra. Por isso, quero propor a você uma coisa diferente hoje: escolha um amigo que está passando por dificuldade e o apresente a prática da gratidão.

Você pode, inclusive, ensiná-lo a ter um caderno da gratidão, no qual ele vai anotar, todas as noites (antes de dormir) 10 motivos pelos quais se sente grato, naquele dia.

REPITA COMIGO:
A GRATIDÃO TRANSFORMA

Agora, registre 3 motivos pelos quais se sente grato.

1._____

_____

_____

2._____

_____

_____

3._____

_____

_____

13º DIA

LIVRE-SE DOS SINTOMAS DA DEPRESSÃO

Você está cansando de sentir tristeza, angústia, dor, ansiedade e irritabilidade? A depressão pode estar rondando a sua vida, e você nem ao menos se deu conta disso. Juntos, vamos aprender a mudar os pensamentos negativos que podem estar sabotando a sua saúde e o seu bem-estar.

Brenda Shoshanna, autora do livro "365 motivos para agradecer", diz que, quando a gratidão entra, a depressão sai.

Tenho centenas de depoimentos de alunos que se curaram da depressão com a prática diária da gratidão. Uma das minhas alunas tomou remédio para depressão por 18 anos, gastou R$ 75 mil e, em 3 semanas praticando a gratidão, ficou curada.

Então, continue agradecendo diariamente, e prepare-se para receber todas as bênçãos que a vida tem para você.

REPITA COMIGO:
A GRATIDÃO TRANSFORMA

Agora, registre 3 motivos pelos quais se sente grato.

1._____
_____
_____

2._____
_____
_____

3._____
_____
_____

14º DIA

NÃO DEIXE O SEU RELACIONAMENTO ESFRIAR

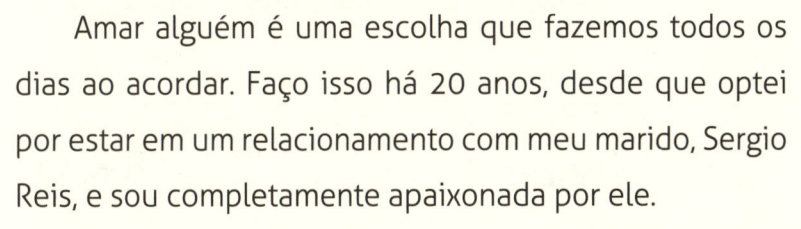

Amar alguém é uma escolha que fazemos todos os dias ao acordar. Faço isso há 20 anos, desde que optei por estar em um relacionamento com meu marido, Sergio Reis, e sou completamente apaixonada por ele.

Algumas pessoas dizem que o sentimento é passageiro, e que, com o tempo, resta apenas uma grande amizade. Discordo com todas as minhas forças de qualquer uma dessas afirmações.

Claro que a amizade entre o casal é fundamental, pois é através dela que nasce a cumplicidade, a parceria, o respeito e a paixão, que ajudam a construir qualquer relacionamento. No entanto, além disso, vocês precisam cuidar da relação para não deixá-la esfriar.

Como está o seu relacionamento a dois? Vocês entraram na zona de conforto ou estão lutando para resgatar o amor?

Muitas vezes, reclamamos demais do nosso cônjuge; ofendemos com palavras e afastamos o nosso parceiro. Porém, fora de casa, tratamos os "estranhos" com muito mais consideração, ou seja, estamos invertendo os valores.

A dica é: converse com o seu parceiro com o mesmo cuidado que você falaria com o seu chefe, e lembre-se de dizer, todos os dias, por qual motivo você se sente grato a ele.

REPITA COMIGO: A GRATIDÃO TRANSFORMA

Agora, registre 3 motivos pelos quais se sente grato.

1._____

_____

_____

2._____

_____

_____

3._____

_____

_____

15º DIA

VOCÊ É UM BOM EXEMPLO PARA OS OUTROS?

Nós somos lembrados pelas pessoas a partir das atitudes e exemplos que transmitimos, sejam eles bons ou ruins. A questão é que, de alguma maneira, eles servirão como referência para os demais.

As palavras comovem, os exemplos arrastam.

Afinal, como você gostaria de ser lembrado? Qual marca quer deixar no mundo?

É natural cada um de nós se espelhar em alguém, e quando encontramos pessoas que demonstram um tipo de comportamento que admiramos, ou atitudes que gostaríamos de ter, buscamos agir de forma semelhante.

Sendo assim, qual exemplo estamos dando para que os outros se espelhem em nós?

Se você é uma pessoa que pratica a gratidão, quem está à sua volta vai acabar mudando também. Quer mudar seu marido, esposa, filhos, pais? Então, mude você primeiro, e eles seguirão os seus exemplos.

Nos Estados Unidos, comemora-se o Dia de Ação de Graças, em que as crianças aprendem, desde cedo, a agradecer. E os nossos filhos? A maioria de nós perdeu, inclusive, o hábito de agradecer antes das refeições.

Seja um exemplo de propagação da gratidão.

REPITA COMIGO:
A GRATIDÃO TRANSFORMA

Agora, registre 3 motivos pelos quais se sente grato.

1._____
_____
_____

2._____
_____
_____

3._____
_____
_____

16º DIA

OS BENEFÍCIOS DA PACIÊNCIA

Você tem paciência? Olha, se a resposta for não, eu consigo entender. Estamos tão atarefados ultimamente que não conseguimos ficar um minuto esperando o elevador chegar sem antes reclamar bastante da demora.

Isso sem falar da "eternidade" que o computador, ou o celular, demora para ligar: são trinta longos segundos que mais parecem um tempo interminável.

A falta de paciência com a espera é um gatilho para que emoções como ansiedade, estresse e raiva tomem conta de nós.

Vamos aprender a usar a gratidão e a respiração como neutralizadores da impaciência e da irritação. Quando você tiver que esperar por algo, e perceber que a impaciência está chegando, ou quando algo o deixar irritado, faça a respiração de 4 tempos: inspire contando até 4 (mentalmente); segure o ar, contando até 4; solte o ar devagar, contando até 4; e mantenha o pulmão vazio por 4 segundos. Repita isso três vezes. Ao final de cada sequência, diga: **"Sou grato, sou grato, sou grato"**.

REPITA COMIGO:
A GRATIDÃO TRANSFORMA

Agora, registre 3 motivos pelos quais se sente grato.

1._____
_____
_____

2._____
_____
_____

3._____
_____
_____

17º DIA

COMO PERDOAR ALGUÉM QUE TRAIU A NOSSA CONFIANÇA?

Não perdoamos, porque parece que estamos concordando com os erros do outro.

Não perdoamos, porque acreditamos que, ao perdoar, abrimos espaço para o outro aprontar de novo.

Não perdoamos, porque, muitas vezes, essa é a única coisa que nos restou.

Acontece que, a falta do perdão, é como tomar uma pequena dose de veneno todos os dias, pensando que o outro é quem vai morrer envenenado.

O perdão o liberta para ser feliz, ou seja, você é o maior beneficiado. Então, exercite o perdão, agradecendo pela vida daquela pessoa que o magoou.

Não, eu não estou dizendo que será uma tarefa fácil, mas asseguro que será libertador.

REPITA COMIGO:
A GRATIDÃO TRANSFORMA

Agora, registre 3 motivos pelos quais se sente grato.

1._____
_____
_____

2._____
_____
_____

3._____
_____
_____

18º DIA

COMO CONVIVER COM PESSOAS NEGATIVAS SEM SE PREJUDICAR

Você já deve ter percebido o quanto o contato com pessoas negativas tem o poder de arruinar o nosso dia. Porém, não devemos deixar que a energia nociva do outro seja um veneno para a nossa alma.

Então, hoje vou ensiná-lo como conviver com pessoas negativas sem se prejudicar.

A primeira dica é evitar a convivência diária, isto é, você não precisa cortar relações, mas pode se afastar. E o que fazer quando essa não for uma opção, porque a "criatura" negativa mora no mesmo teto que você ou até dorme na mesma cama?

Nesses casos, você vai usar a técnica do: **cancela, cancela, cancela.**

Veja como funciona: quando a outra pessoa começar a falar coisas negativas, que o deixam para baixo, você vai dizer, mentalmente: "Cancela, cancela, cancela". Isso dará uma ordem para que o seu cérebro cancele aquele comando negativo que a outra pessoa mandou a você.

E por que fazer mentalmente, e não em voz alta? Porque as pessoas gratas são gentis, não têm a intenção de magoar os outros, e o efeito sobre o seu cérebro será o mesmo ao dizer mentalmente.

REPITA COMIGO:
A GRATIDÃO TRANSFORMA

Agora, registre 3 motivos pelos quais se sente grato.

1. _____
_____
_____

2. _____
_____
_____

3. _____
_____
_____

19º DIA

OUVINDO CRÍTICAS E CRESCENDO COM ELAS

Ninguém gosta de ser julgado, no entanto, só conhecendo os nossos erros somos capazes de crescer. Então, pare de enxergar, nas críticas, uma ameaça para a sua autoestima.

Ao ouvir uma crítica, não responda, apenas respire, agradeça e diga que vai refletir.

E realmente reflita, fazendo o seguinte: fique com a crítica por 24 horas, deixe passar a raiva (espere o tempo necessário para avaliar o que foi dito com os olhos da razão, e não da emoção); aproveite o que for útil, e jogue o resto no "vaso sanitário".

Assim, a cada crítica recebida, você terá a oportunidade de se tornar um ser humano melhor, ainda que a intenção de quem o criticou não tenha sido essa.

Sinta-se grato por receber da vida uma oportunidade de crescimento.

REPITA COMIGO:
A GRATIDÃO TRANSFORMA

Agora, registre 3 motivos pelos quais se sente grato.

1._____
_____
_____

2._____
_____
_____

3._____
_____
_____

20º DIA

COMO AGIR DIANTE DE PESSOAS AGRESSIVAS

Agressão gera mais agressão, assim como gentileza gera gentileza. Então, como agir frente a pessoas agressivas?

Respire, coloque a língua no céu da boca (porque isso ajuda a relaxar), e repita 3 vezes, mentalmente: **"cancela, cancela, cancela"**. Com isso, você terá neutralizado o efeito nocivo do "esquentadinho" sobre você.

Além disso, mantenha o tom de voz baixo, busque algum ponto para concordar com a pessoa; não alimente o "monstro".

Você verá que o próprio indivíduo vai se dar conta da grosseria e, talvez, até peça desculpas.

A atitude do outro não pode definir a sua.

Seja grato, pois você encontrou uma oportunidade de exercitar a paciência e a compaixão.

REPITA COMIGO:
A GRATIDÃO TRANSFORMA

Agora, registre 3 motivos pelos quais se sente grato.

1._____
_____
_____

2._____
_____
_____

3._____
_____
_____

21º DIA

COMO AGIR DIANTE DE PESSOAS MAL-EDUCADAS

Certa vez, uma aluna contou, em um dos meus treinamentos, algo que havia acontecido com ela, e eu jamais esqueci a lição.

Todos os dias, no mesmo horário, ela pegava o mesmo elevador para ir ao consultório médico onde trabalhava e, na maioria dos dias, uma mulher que ela desconhecia subia junto para outro andar.

Minha aluna, gentilmente, no primeiro dia, olhou para a mulher, e disse: "Bom dia". No entanto, não obteve resposta. Ficou a imaginar que, talvez, a pessoa estivesse distraída.

No segundo dia, mais uma vez, cumprimentou-a, e o silêncio foi total. No terceiro dia, resolveu aumentar o seu tom de voz, e não adiantou. No quarto dia, deduzindo que talvez a mulher fosse completamente surda, decidiu cumprimentar e acenar, ainda assim, o cumprimento não foi retribuído.

Na ocasião do relato desta minha aluna, isso já vinha acontecendo há três anos consecutivos.

A essa altura, todos os outros participantes do curso estavam indignados com a história e protestaram:

"Mas isso é um absurdo!"; "Eu não teria insistido mais do que dois dias"; "Eu teria ignorado completamente essa mulher"; "Eu teria chamado ela de grossa".

E a minha aluna respondeu: "Eu não vou parar de cumprimentar."

Toda a turma quis saber o motivo, e confesso que a resposta dela ficou no meu coração para sempre: "Não vou deixar que a falta de educação do outro defina a minha educação."

Grande lição, não é mesmo?
Então, lembre-se sempre de agradecer,
mesmo diante de pessoas sem educação.

REPITA COMIGO:
A GRATIDÃO TRANSFORMA

Agora, registre 3 motivos pelos quais se sente grato.

1._____
_____
_____

2._____
_____
_____

3._____
_____
_____

22º DIA

CHEGA DE INGRATIDÃO

Todos nós já fomos vítimas de ingratidão. Você já deve ter passado pela situação de ajudar alguém, e essa pessoa não dar valor ao que fez por ela. E nós nos sentimos arrasados.

O que não nos damos conta é que fazemos isso com Deus, e com a vida, o tempo todo. Quer ver? Você reclama dos problemas, das doenças, da questão financeira, do casamento, dos filhos, se esquecendo de tudo o que há de bom na sua vida.

Pare agora, e faça o seguinte exercício: olhe em volta de você e veja tudo o que possui.

Há áreas do corpo que não estão bem, mas quantas estão?

Seus parentes têm defeitos, mas o que eles já trouxeram de bom para a sua vida?

É hora de agradecer, e não mais reclamar.

REPITA COMIGO:
A GRATIDÃO TRANSFORMA

Agora, registre 3 motivos pelos quais se sente grato.

1._____
_____
_____

2._____
_____
_____

3._____
_____
_____

23º DIA

PRATICANDO A GRATIDÃO EM MEIO A PROBLEMAS FINANCEIROS

Você está completamente satisfeito com a sua vida financeira? Olha, eu nunca encontrei alguém que dissesse SIM, porque sempre dá para melhorar um bocadinho. E não há nada de errado em desejar crescer, o problema é reclamar.

Quem reclama, clama duas vezes. E clamar é pedir com muita força.

Quando você "re-CLAMA" da falta de dinheiro, está clamando para ter duas vezes mais falta de dinheiro; quando "re-CLAMA" das dívidas, está pedindo por duas vezes mais dívidas.

A vida dá mais do mesmo, então, agradeça por tudo o que você possui.

Comemore quando achar uma moedinha na rua, porque dinheiro não aguenta desaforo. O Universo vai entender que você gostou de encontrar esse valor e vai mandar muito mais.

REPITA COMIGO:
A GRATIDÃO TRANSFORMA

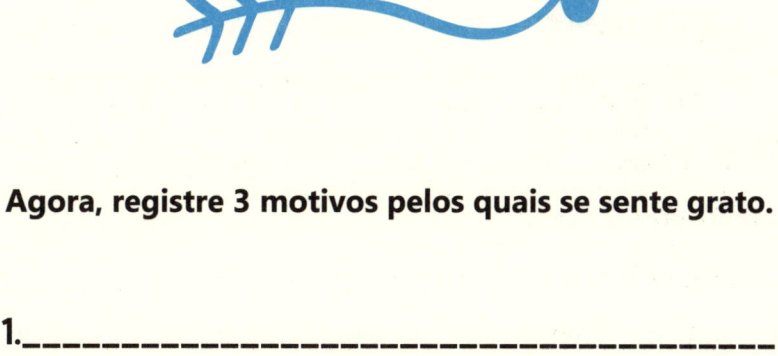

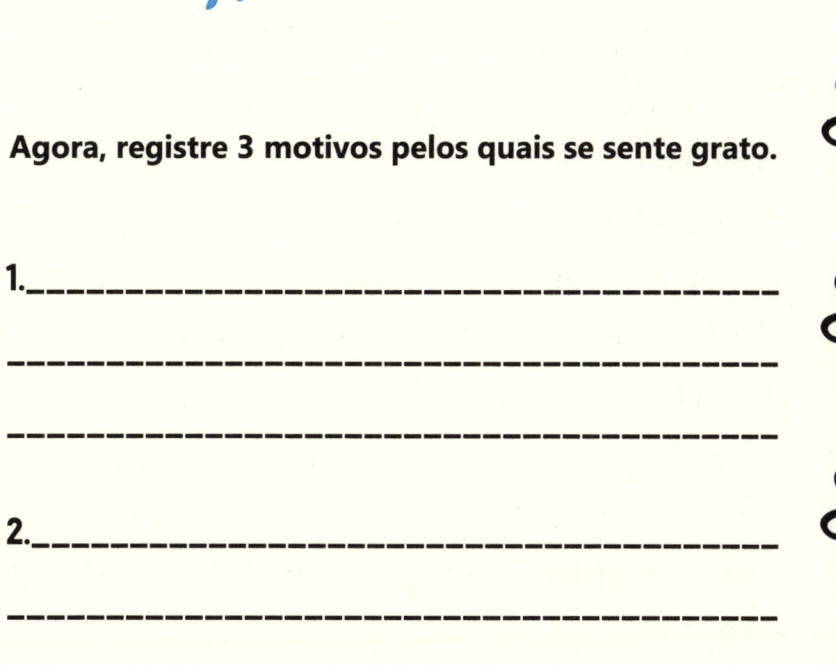

Agora, registre 3 motivos pelos quais se sente grato.

1._____
_____
_____

2._____
_____
_____

3._____
_____
_____

24º DIA

COMO SE LIVRAR DOS MEDOS

Muita gente me questiona: como se livrar dos medos? Na verdade, normalmente, essa pergunta vem das mulheres.

Isso quer dizer que somos mais medrosas? Nada disso, é que os homens costumam dizer que não sentem medo, apenas receio.

No entanto, todos nós temos medos, pois esse é um mecanismo de defesa e preservação que a natureza colocou em você. Então, sentimos medo sim, porque somos seres humanos.

E quer saber? Não há problema em sentir medo. Imagine se você não tivesse medo de pular de um prédio de 12 andares? Não sobreviveria para se vangloriar de seu feito.

O problema é ficar refém dele, ou seja, perder uma vaga de emprego, a chance de fazer uma viagem ou de tentar uma nova profissão.

Então, a dica que eu tenho para você é: faça o que precisa ser feito, mesmo com medo. A coragem SÓ precisa ficar um passo à frente do medo.

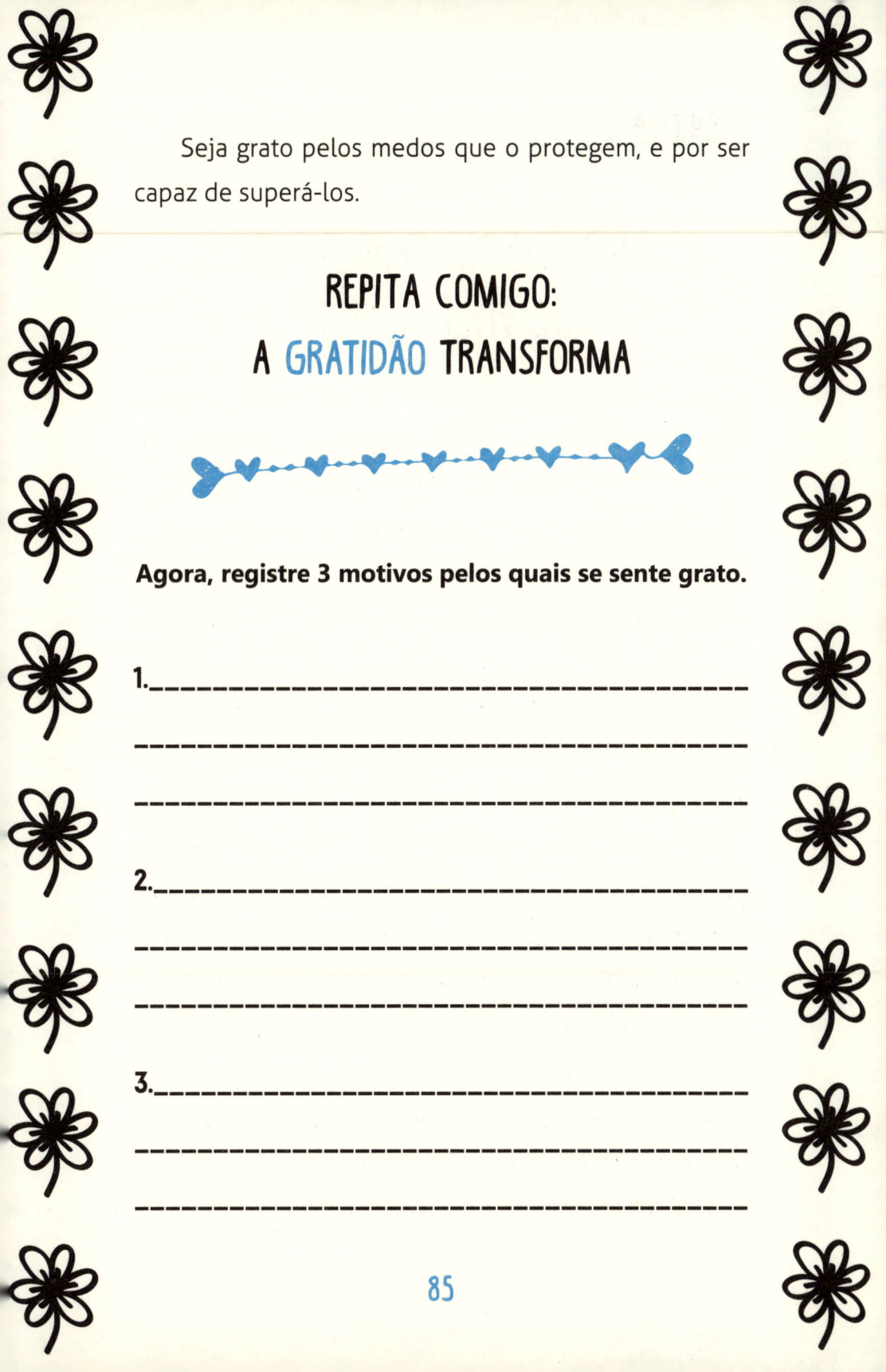

Seja grato pelos medos que o protegem, e por ser capaz de superá-los.

REPITA COMIGO:
A GRATIDÃO TRANSFORMA

Agora, registre 3 motivos pelos quais se sente grato.

1._____
_____
_____

2._____
_____
_____

3._____
_____
_____

25º DIA

ESCOLHA OS PROGRAMAS DE TV QUE VOCÊ ASSISTE

Você é o que você assiste, e ocorre que 80% das notícias que aparecem nos telejornais são de tragédias, porque, infelizmente, é o que dá Ibope.

Como a vida dá mais do mesmo, você acaba atraindo coisas que estão na mesma frequência que a sua, e os programas de TV ajudam a definir essa frequência.

É mentira que: "preciso assistir TV para ficar informado", por um motivo muito simples: você não fica informado sobre as coisas boas que ocorrem no mundo, pois elas não aparecem na televisão.

A vida é muito mais do que aquilo que alguma emissora resolveu colocar no ar. Na mesma hora que tem alguém assaltando um banco, há 50 pessoas fazendo trabalho voluntário em algum lugar ou um padre rezando uma missa.

Cada vez que assistir a um programa (ou um filme), pergunte-se: isso está me ajudando a ser uma pessoa melhor ou pior? Se a resposta for pior, troque de canal, ou desligue o aparelho, e leia um bom livro.

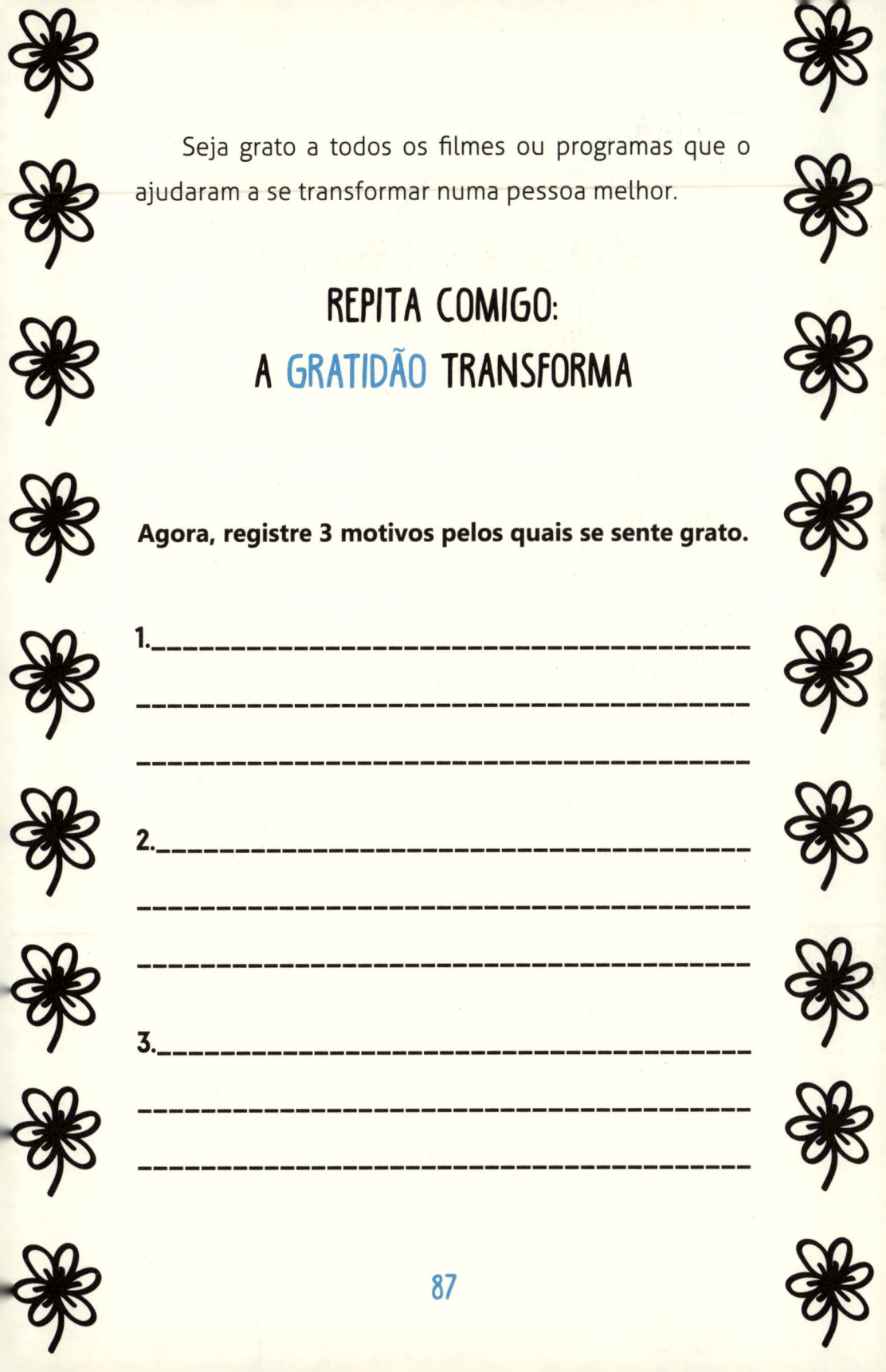

Seja grato a todos os filmes ou programas que o ajudaram a se transformar numa pessoa melhor.

REPITA COMIGO:
A GRATIDÃO TRANSFORMA

Agora, registre 3 motivos pelos quais se sente grato.

1. _____
_____
_____

2. _____
_____
_____

3. _____
_____
_____

26º DIA

PRATIQUE A AUTOBONDADE

Você já reparou como somos cruéis com nós mesmos? Exigimos perfeição, e nos culpamos por falhar.

Nos comparamos com os outros, e nunca conseguimos ser melhores: sempre tem alguém que consegue ser mais competente profissionalmente, ter uma casa ou um carro melhor, uma família mais amorosa; ou alguém que é mais loira, mais magra etc.

Falamos coisas horrorosas contra nós mesmos, e isso nos detona.

Quem não se ama, não se respeita, e não consegue atrair pessoas que os amem e respeitem. Então, surgem em sua vida apenas homens abusivos, agressivos e infiéis ou mulheres neuróticas e grosseiras.

Então, hoje, vamos praticar a autobondade. Você vai se olhar no espelho, e dizer: "Está tudo bem, eu me amo e me aceito, assim como sou".

Não significa que você não vai melhorar, mas, até lá, diga: "Está tudo bem, eu me amo e me aceito, assim como sou".

REPITA COMIGO:
A GRATIDÃO TRANSFORMA

Agora, registre 3 motivos pelos quais se sente grato.

1. _____
_____
_____

2. _____
_____
_____

3. _____
_____
_____

27º DIA

APRENDA A RECEBER PRESENTES

Tem gente que não sabe receber presentes: recebe um elogio, e precisa logo retribuir; e o mesmo acontece se recebe um presente ou um favor.

Aprenda a acolher, e apenas diga: "Muito obrigado".

Sinta-se merecedor. Demonstre que gostou. Não se sinta em dívida.

Abra-se para receber as bênçãos da vida. O coração tem a chave pelo lado de dentro, e Deus quer presentear você. Aliás, Ele adora nos encher de bênçãos. Se elas não estão chegando, é porque você está se recusando a recebê-las. Então, permita-se e, simplesmente, manifeste a sua gratidão.

REPITA COMIGO:
A GRATIDÃO TRANSFORMA

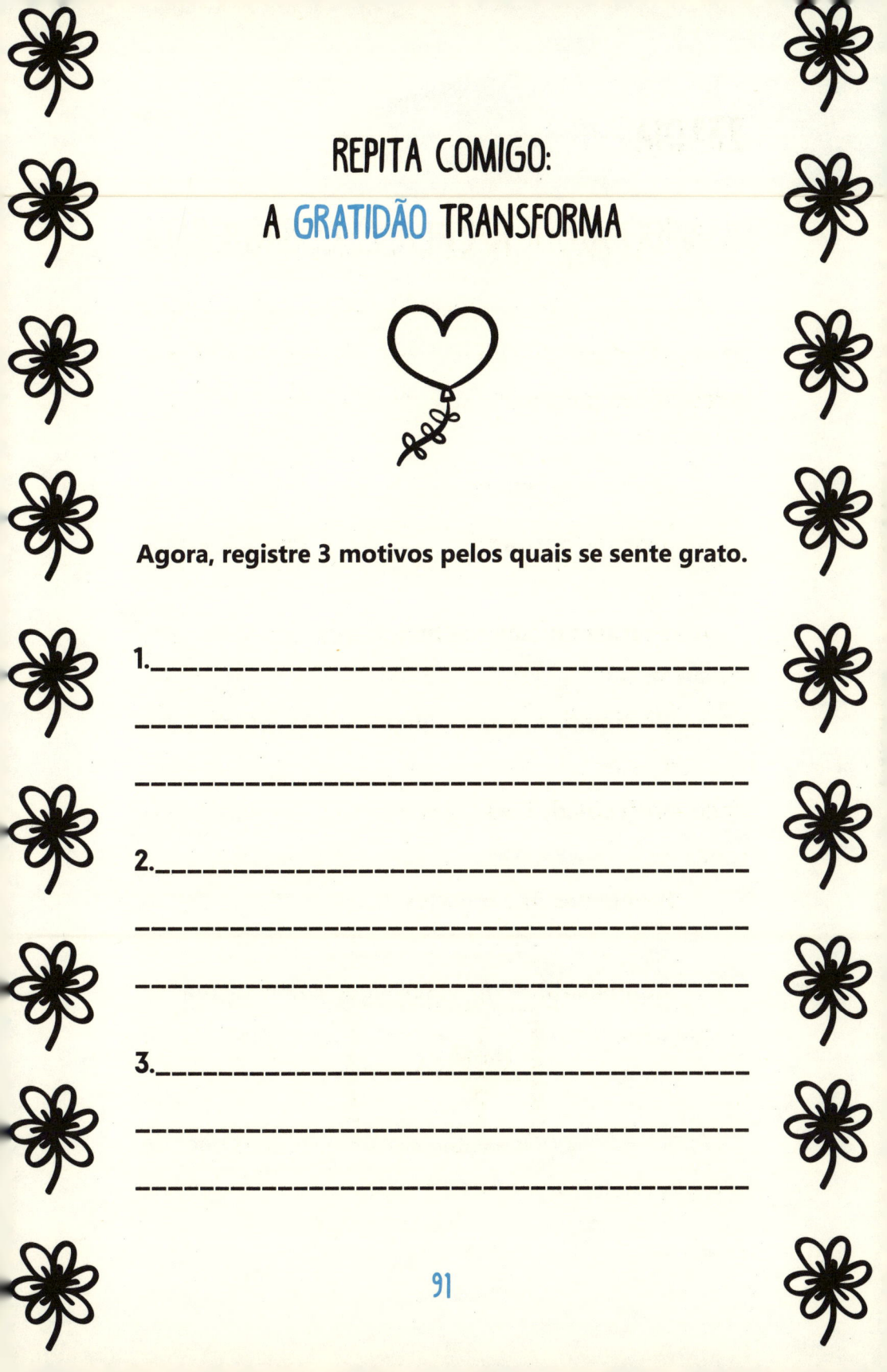

Agora, registre 3 motivos pelos quais se sente grato.

1._____
_____
_____

2._____
_____
_____

3._____
_____
_____

28º DIA

QUANDO A BOCA CALA, O CORPO GRITA

Somos um "todo" integrado: corpo, mente, pensamentos, emoções, espiritualidade. Por isso, as emoções mal administradas aparecem no corpo. O sintoma fala da doença.

Veja alguns exemplos:

✓ **Dor de garganta** indica as coisas que você não diz;

✓ **Problemas nos joelhos** apontam para a falta de flexibilidade e humildade;

✓ **Bronquite e asma** indicam emoções de afeto não manifestadas;

✓ **Dificuldades nos olhos** podem indicar coisas que você não quer ver;

✓ **Problemas nos ouvidos** refletem as coisas que você não quer ouvir;

✓ **Complicações no estômago, como úlcera ou gastrite,** designam a raiva que pode estar sendo engolida.

Agora, a boa notícia é que a gratidão tem o poder de cura, porque transforma as emoções.

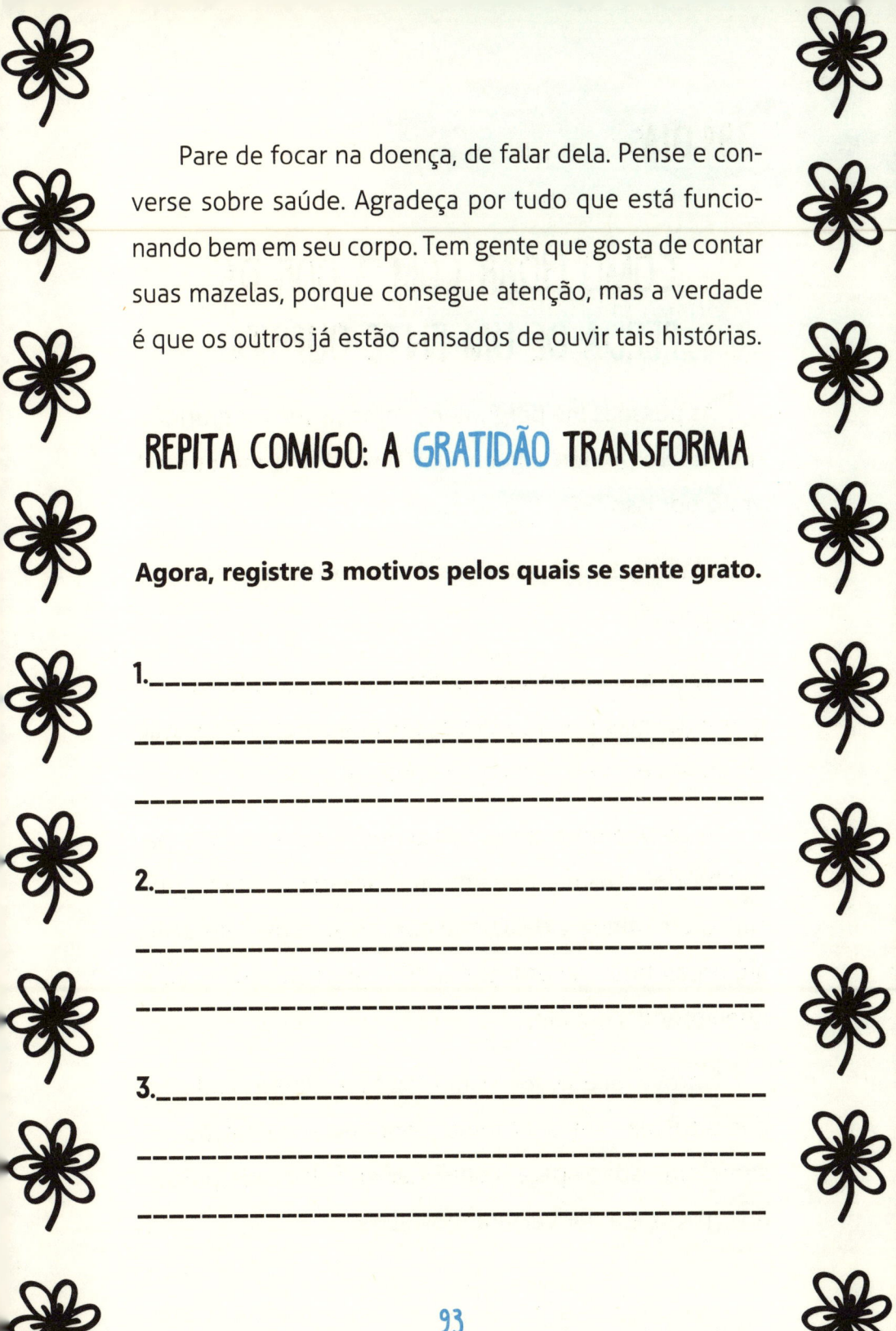

Pare de focar na doença, de falar dela. Pense e converse sobre saúde. Agradeça por tudo que está funcionando bem em seu corpo. Tem gente que gosta de contar suas mazelas, porque consegue atenção, mas a verdade é que os outros já estão cansados de ouvir tais histórias.

REPITA COMIGO: A GRATIDÃO TRANSFORMA

Agora, registre 3 motivos pelos quais se sente grato.

1._____
_____

2._____
_____

3._____
_____

29º DIA

COMO LIDAR COM A DOR DA PERDA DE UM ENTE QUERIDO

As pessoas me perguntam: como praticar a gratidão, quando se perdeu alguém que ama? Eu tenho que ser grato por isso?

Claro que não! O luto e a dor da perda são genuínos e necessários.

Você não vai se sentir grato por ter perdido alguém que ama, mas pode (e deve) ser grato por tudo o que aprendeu e viveu com aquela pessoa.

Recentemente, passei pela perda do meu tio e padrinho de batismo, que foi uma pessoa muito significativa em minha vida. O que confortou o meu coração, além das boas recordações, foi a gratidão por tudo o que aprendi com ele.

É provável que você sinta saudade. Porém, cada vez que a tristeza ameaçar tomar conta do seu coração, reserve um espaço para manifestar gratidão pela pessoa que partiu, e a dor vai virar nostalgia.

REPITA COMIGO:
A GRATIDÃO TRANSFORMA

Agora, registre 3 motivos pelos quais se sente grato.

1._____
_____
_____

2._____
_____
_____

3._____
_____
_____

30º DIA

CUIDADO COM O VÍCIO DE CONTAR MENTIRAS

Mentiras viciam, e uma puxa a outra, porque é necessário sustentar a história anterior.

Você evita falar a verdade por medo das consequências e acaba aumentando o problema. Acredita que se deu bem, e faz de novo.

A verdade é que, com isso, só está alimentando a covardia, e a sua vida vai se transformando numa grande mentira.

Assim, surgem os "jardins secretos", que são as armadilhas que corrompem a sua alma.

Você empurra a sujeira para "debaixo do tapete", e depois tropeça nela.

Por outro lado, ao praticar a verdade, você cresce como ser humano, fica mais poderoso, e tem mais vitórias na vida.

Agradeça por todas as oportunidades de exercitar a verdade.

REPITA COMIGO:
A GRATIDÃO TRANSFORMA

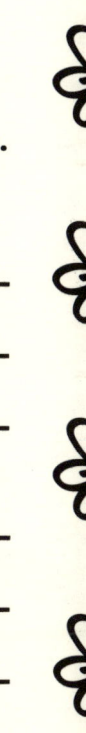

Agora, registre 3 motivos pelos quais se sente grato.

1._____
_____
_____

2._____
_____
_____

3._____
_____
_____

31º DIA

COMO ENCARAR O FIM DE UM RELACIONAMENTO

Imagine a seguinte situação: a relação acabou, o outro o deixou, mas você ainda o ama.

Esses dias, recebi a mensagem de uma aluna desesperada, porque fazia os exercícios da gratidão todos os dias, entretanto, o namorado a deixou. Ela continuou a praticar, porém, ele não voltou. A pergunta dela para mim foi: "Onde foi que eu errei, que a gratidão não me ajudou?".

Já parou para pensar que, talvez, isso seja o melhor que poderia ter acontecido? Já pensou na possibilidade de que você estava ao lado da pessoa errada, por pura carência ou insegurança?

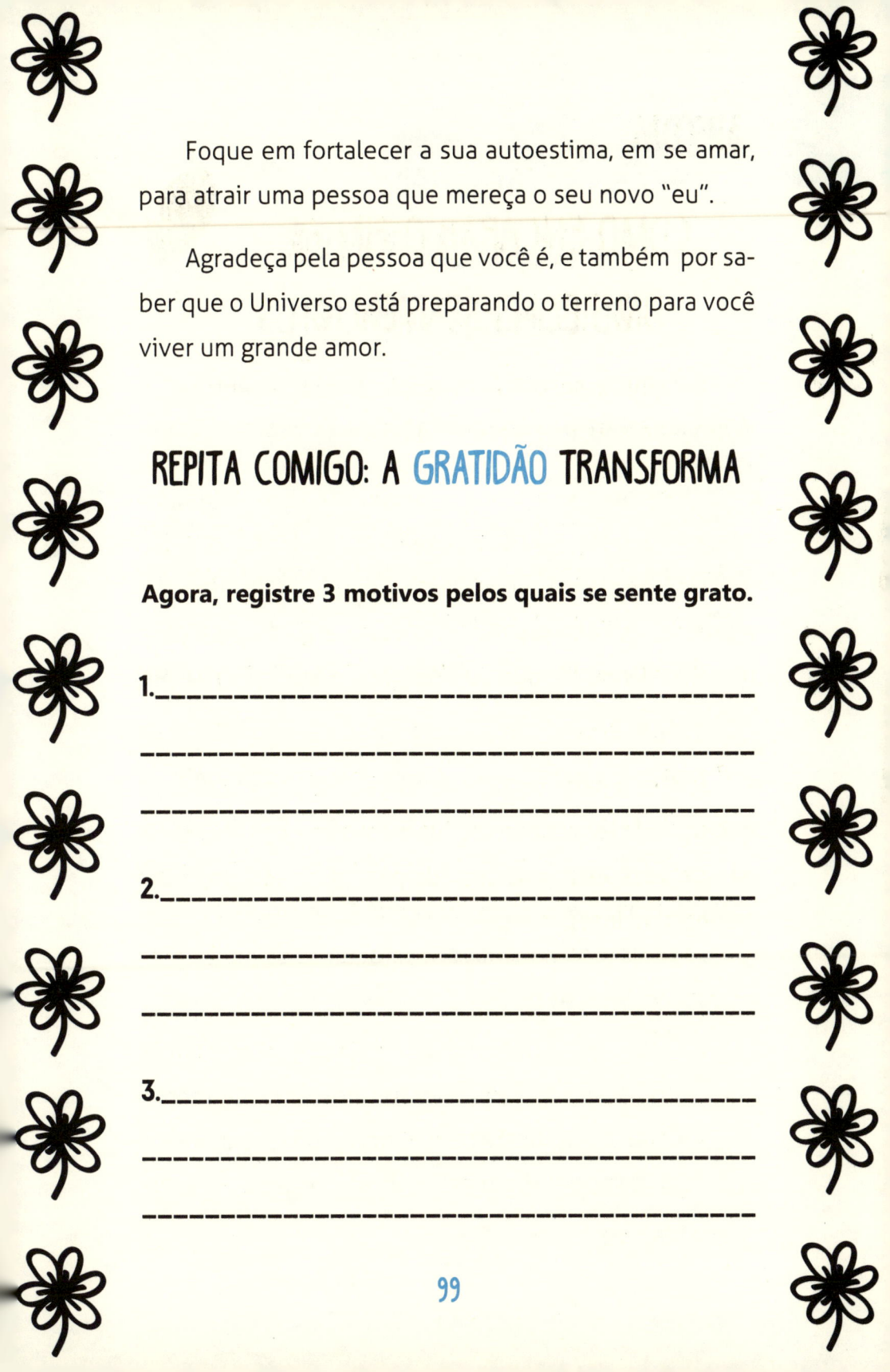

Foque em fortalecer a sua autoestima, em se amar, para atrair uma pessoa que mereça o seu novo "eu".

Agradeça pela pessoa que você é, e também por saber que o Universo está preparando o terreno para você viver um grande amor.

REPITA COMIGO: A GRATIDÃO TRANSFORMA

Agora, registre 3 motivos pelos quais se sente grato.

1. _____
_____
_____

2. _____
_____
_____

3. _____
_____
_____

32º DIA

INVEJA, UM ROEDOR DE BONS SENTIMENTOS

A tendência das pessoas é invejar quem tem o que elas ainda não conquistaram e, às vezes, até sentem raiva disso.

É muito comum sentir inveja em relação a pessoas ricas, por exemplo. Os comentários mais usuais são: "Deve ter roubado"; "É avarento"; "É egoísta".

Bom, existem, neste caso, ao menos dois equívocos:

1. Não é verdade que os ricos são ladrões, avarentos e egoístas. Tony Robbins, um dos maiores *coaches* de todos os tempos, fez uma pesquisa para saber o quanto as pessoas milionárias eram generosas, e ele descobriu que mais de 90% dos pesquisados tinham essa característica muito presente em suas vidas;

2. O fato de se permitir ter inveja dos ricos diz respeito ao seu funcionamento mental; a sua mente simplesmente ficará com a leitura de que dinheiro é ruim, impedindo-o de melhorar de vida.

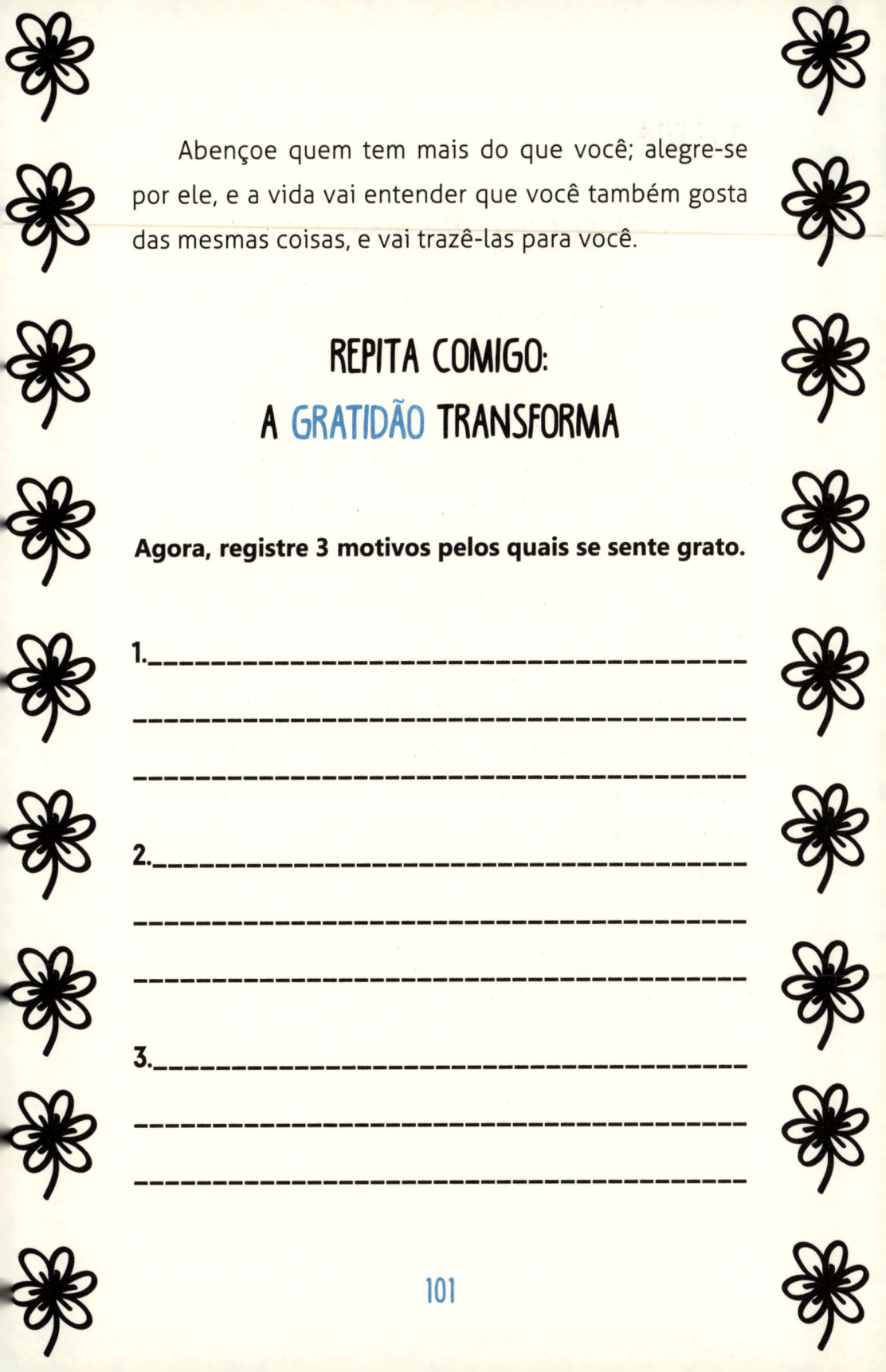

Abençoe quem tem mais do que você; alegre-se por ele, e a vida vai entender que você também gosta das mesmas coisas, e vai trazê-las para você.

REPITA COMIGO:
A GRATIDÃO TRANSFORMA

Agora, registre 3 motivos pelos quais se sente grato.

1._____
_____
_____

2._____
_____
_____

3._____
_____
_____

33º DIA

COMO CONTROLAR O CIÚME

Existem pessoas que são neuróticas, ficam procurando coisas erradas no comportamento do outro.

Vou dar um exemplo: eu soube da história de uma garota cujo namorado chegou do serviço 40 minutos mais tarde, porque foi fazer uma surpresa de aniversário com os colegas de trabalho. Antes que você me pergunte, ele não tinha histórico de ser mentiroso ou cometer infidelidade.

No entanto, pessoas neuróticas de ciúme vivem procurando "pelo em ovo", e o que é pior: plantam na cabeça de seus companheiros exatamente o que mais temem. Isso ocorre quando você diz para o seu namorado: "Não olha para ela".

Ele, que até então estava distraído (ou focado) em você, vai pensar: "Para quem mesmo?".

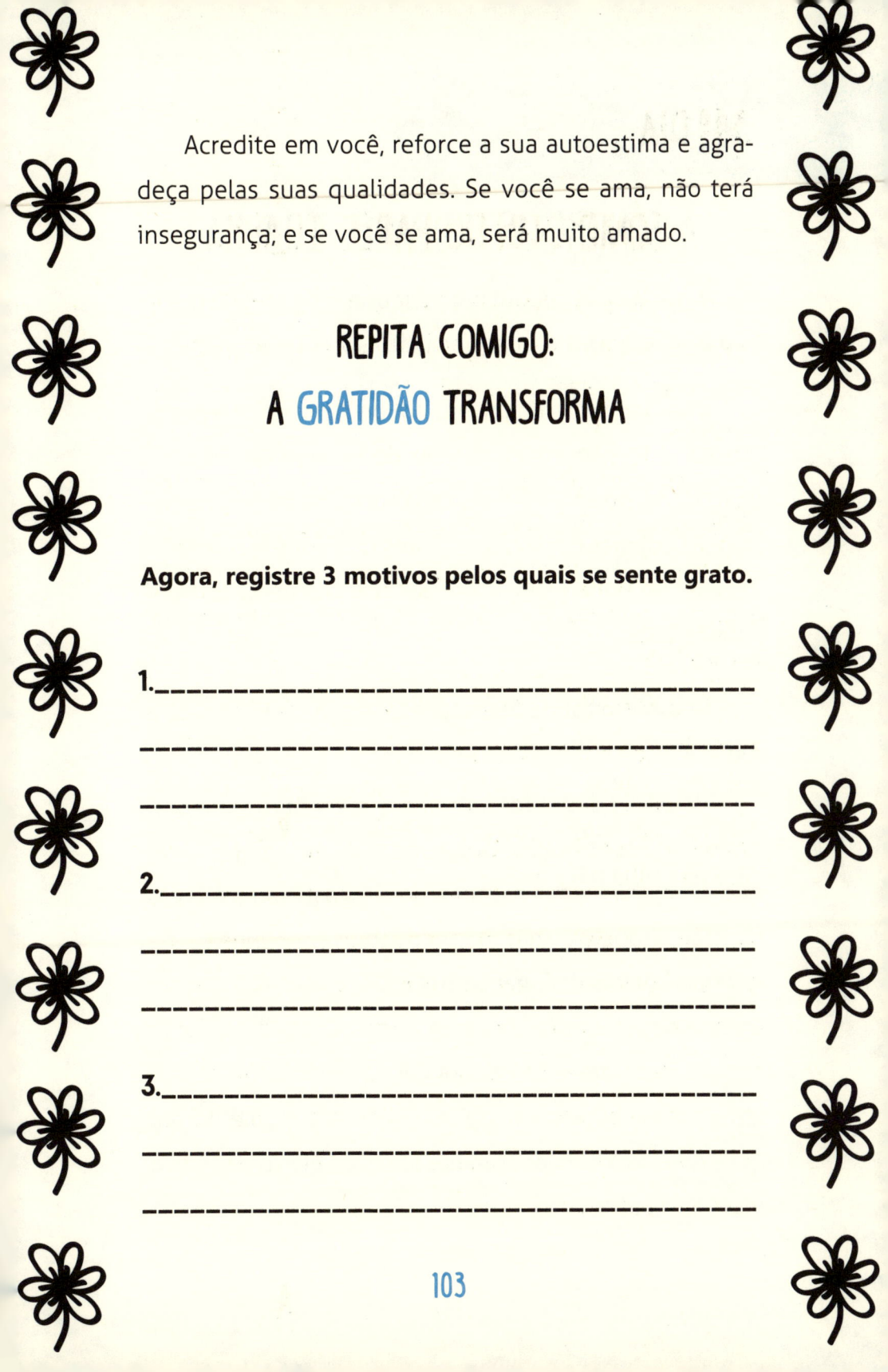

Acredite em você, reforce a sua autoestima e agradeça pelas suas qualidades. Se você se ama, não terá insegurança; e se você se ama, será muito amado.

REPITA COMIGO:
A GRATIDÃO TRANSFORMA

Agora, registre 3 motivos pelos quais se sente grato.

1. _____
_____
_____

2. _____
_____
_____

3. _____
_____
_____

34º DIA

A SÍNDROME DO PAPEL TOALHA

Você já deve ter ouvido falar que ninguém dá o que não tem, e isso é a pura verdade. No entanto, temos a tendência de fazer mais pelos outros do que por nós mesmos.

Você diz NÃO para si mesmo, porque se sente na obrigação de dizer SIM para os outros. É como se tivesse a impressão de que precisa agradar para ser amado, aceito e validado. E, na ânsia de agradar todo mundo, esquece de si.

Se o outro for os filhos, aí é que não tem jeito mesmo, você se coloca em último plano.

A maioria das mães sofre do que eu batizei de Síndrome do Papel Toalha. Deixe-me explicar: na época em que as minhas filhas eram menores, gostávamos muito de ir ao shopping, mas, quando íamos ao banheiro, na hora de lavar e enxugar as mãos, elas não alcançavam o porta-papel. Como uma mãe zelosa, antes de secar as minhas mãos, pegava o papel para as minhas filhas, porém, elas recebiam o papel molhado. No momento em que comecei a pensar primeiro em mim, elas passaram a receber o papel seco.

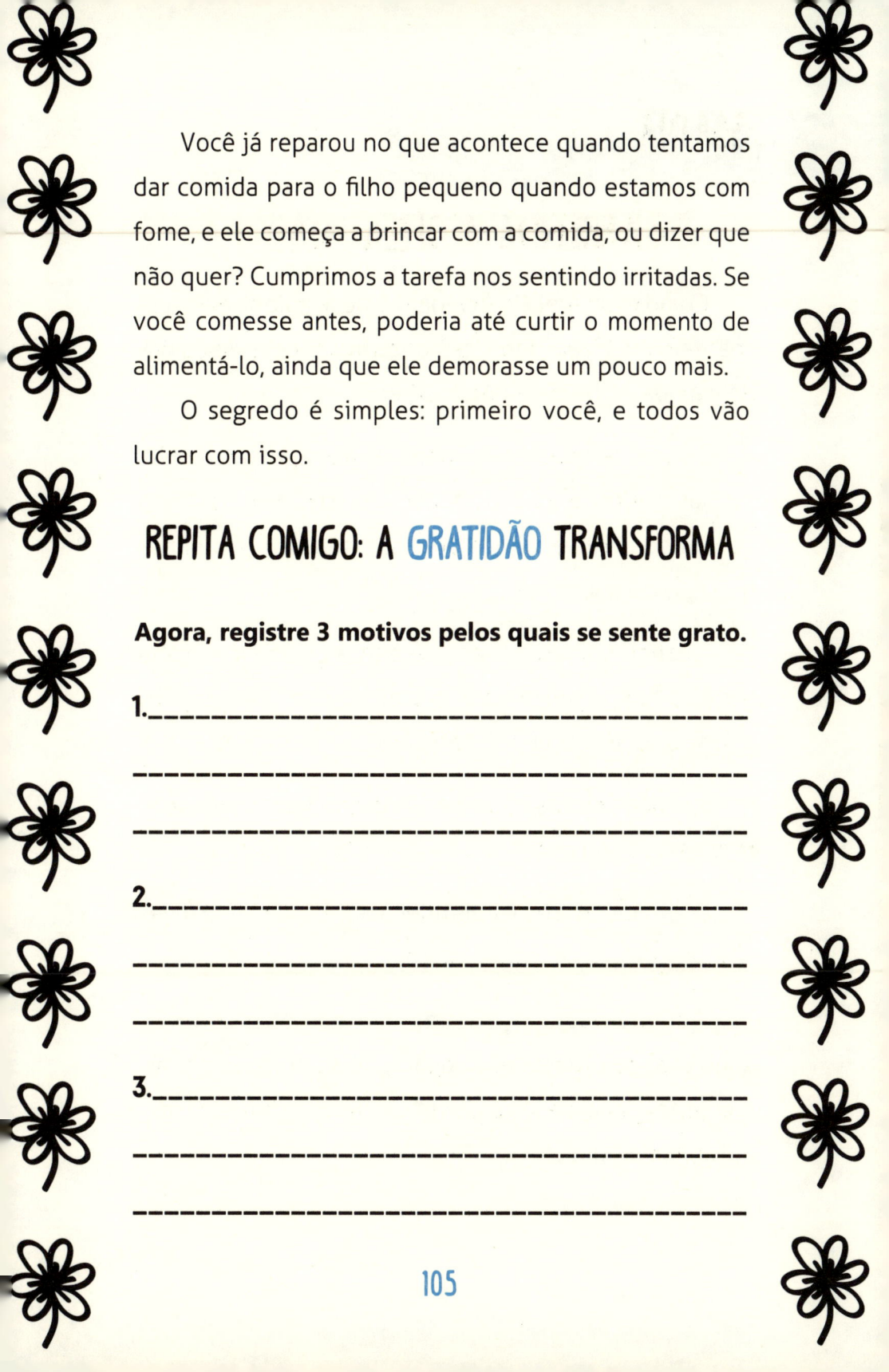

Você já reparou no que acontece quando tentamos dar comida para o filho pequeno quando estamos com fome, e ele começa a brincar com a comida, ou dizer que não quer? Cumprimos a tarefa nos sentindo irritadas. Se você comesse antes, poderia até curtir o momento de alimentá-lo, ainda que ele demorasse um pouco mais.

O segredo é simples: primeiro você, e todos vão lucrar com isso.

REPITA COMIGO: A GRATIDÃO TRANSFORMA

Agora, registre 3 motivos pelos quais se sente grato.

1._____

2._____

3._____

35º DIA

APRENDA A DIZER "NÃO"

Como é incrível a dificuldade que a maioria das pessoas tem em dizer "não" para os outros, e essa dificuldade é ainda maior para nós, mulheres.

É como se tivéssemos medo de não agradar, de não sermos aceitas e amadas; é como se tivéssemos vindo ao mundo para servir aos outros, ainda que isso implique em nos anularmos.

Quando você diz "não", se sente culpada, e acaba dizendo "sim", mesmo que o preço desse "sim" signifique se anular completamente.

Por não termos o treino de dizer "não", quando o fazemos, ele sai com "cara de jacaré".

O grande desafio é aprender a dizer "não" com leveza e doçura, porém com firmeza.

Pratique e agradeça a si mesmo, por todas as vezes que conseguir dizer "não" quando a sua resposta realmente for "não"; e dizer "sim" quando, genuinamente, quiser dizer "sim".

REPITA COMIGO:
A GRATIDÃO TRANSFORMA

Agora, registre 3 motivos pelos quais se sente grato.

1._____
_____
_____

2._____
_____
_____

3._____
_____
_____

36º DIA

A SEMANA DO "NÃO"

Hoje, vou propor a você um exercício bem interessante. Vamos fazer a semana do "NÃO"!

Como vai funcionar?

A partir de amanhã, por 7 dias, quando o seu marido disser: "Amor, procura aquela camisa para mim?", você dirá: "Não, querido". E, então, saia de perto, sem argumentar, sem confusão. Apenas, diga "não". Quando seu filho pedir: "Mãe, passa aquela camiseta para mim?", você vai responder: "Não, meu amor". Sem argumentar, sem escândalo.

A intenção é que você exercite o "não" para aprender a dizer SIM quando for SIM, e NÃO quando for NÃO.

Agora, entenda bem: se na semana do "não" o seu marido a convidar para ir jantar fora, e você estiver super a fim, não precisa dizer "não" só porque está na semana do "não".

A ideia é dizer "não" para as coisas que você não estiver a fim de fazer, entendido?

Isso vai dar liberdade de você realizar suas verdadeiras escolhas, e toda a família vai lucrar, pois, depois que aprender a dizer "não", quando disser "sim", ele será real, verdadeiro, de boa vontade e, principalmente, sem cobranças.

REPITA COMIGO:
A GRATIDÃO TRANSFORMA

Agora, registre 3 motivos pelos quais se sente grato.

1._____
_____
_____

2._____
_____
_____

3._____
_____
_____

37º DIA

A GRATIDÃO PODE ABRIR PORTAS PARA UM NOVO EMPREGO

A gratidão é a arte de agradecer o pouco. Grande parte das pessoas desespera-se ao perder o emprego e, claro, existem diversos motivos para isso: contas, dívidas, necessidades básicas etc.

Acontece que a gratidão é tão importante que virou condição para empregar novos funcionários em algumas companhias. É o caso da empresa Cunzolo Rental, localizada em Campinas, São Paulo, que adotou um pré-requisito diferenciado para as contratações. Agora, quem deseja se integrar no time da instituição precisa ser uma pessoa grata. A ideia partiu de uma das proprietárias, a Valéria, que também é minha aluna.

Ela decidiu fazer todas as entrevistas de contratação pessoalmente, considerando, além dos atributos técnicos, as pessoas que fossem gratas. Veja o comentário dela: "Notei que as pessoas que vieram para a entrevista se surpreenderam com essas questões. Arranquei até lágrimas de alguns. Desde então, temos acertado (e muito) nas contratações!".

Olha aí a gratidão abrindo portas profissionais!

REPITA COMIGO:
A GRATIDÃO TRANSFORMA

Agora, registre 3 motivos pelos quais se sente grato.

1._____
_____
_____

2._____
_____
_____

3._____
_____
_____

38º DIA

COMO A GRATIDÃO MELHORA O RELACIONAMENTO COM OS FILHOS

Famílias desestruturadas causam problemas emocionais nas crianças e nos jovens. Por isso, a união e o diálogo são tão importantes dentro de casa. Antigamente, as pessoas não conversavam porque ficavam em silêncio na frente da TV; hoje, cada uma fica no seu quarto, com um aparelho diferente nas mãos.

A gratidão traz harmonia e paz para o interior das pessoas, e isso pode ser visto também no exterior. Quando você demonstra gratidão por seus familiares, fortalece laços fundamentais para a felicidade de todos.

Então, hoje vou propor um exercício: você vai dizer, para cada um dos seus filhos, 10 motivos pelos quais agradece por eles existirem. Você será o exemplo deles!

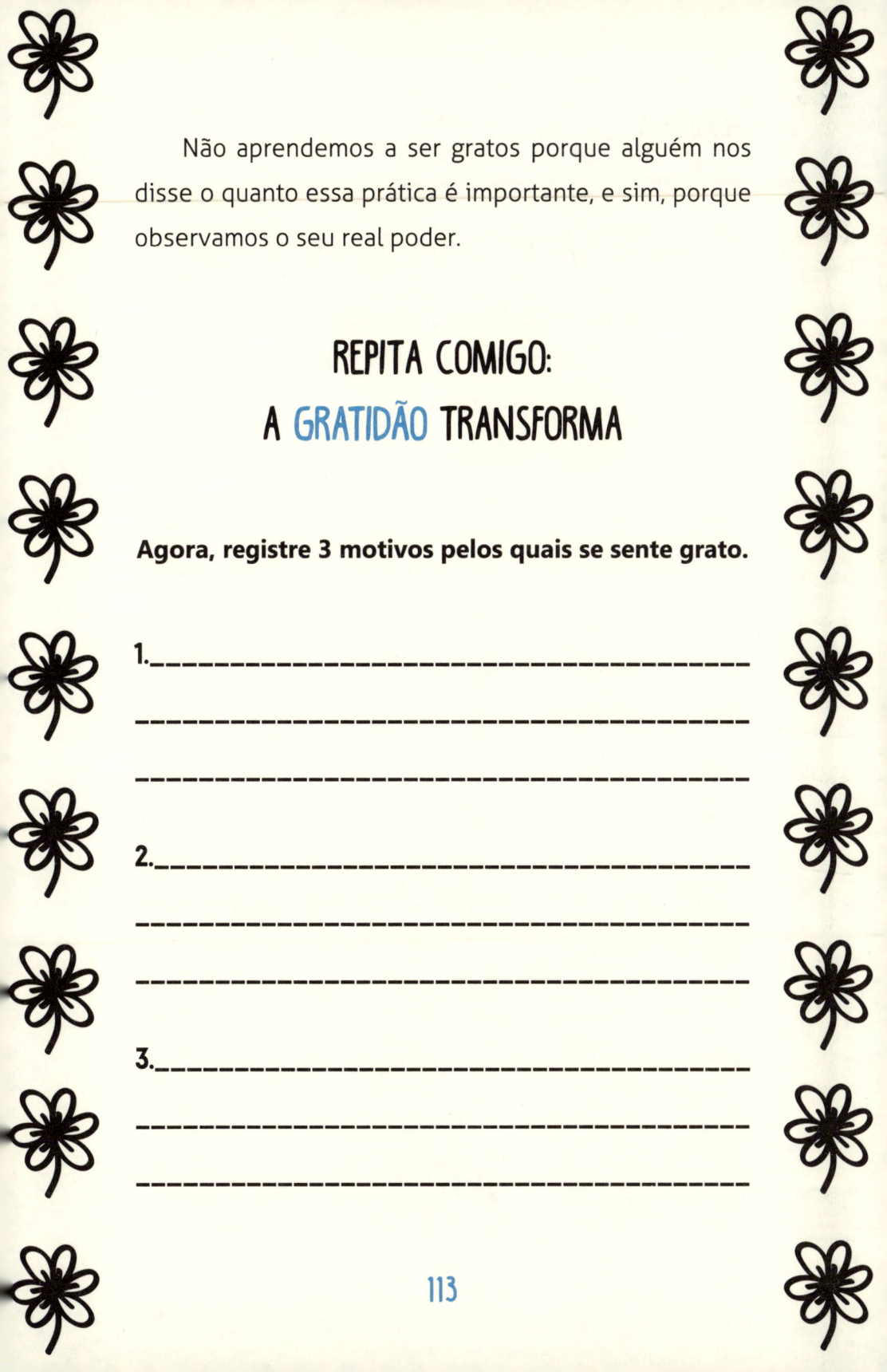

Não aprendemos a ser gratos porque alguém nos disse o quanto essa prática é importante, e sim, porque observamos o seu real poder.

REPITA COMIGO:
A GRATIDÃO TRANSFORMA

Agora, registre 3 motivos pelos quais se sente grato.

1._____
_____
_____

2._____
_____
_____

3._____
_____
_____

39º DIA

VOCÊ SABE OUVIR AS PESSOAS?

Muito mais importante do que falar, é OUVIR. Escutar as pessoas, com sinceridade e atenção, melhora a comunicação entre você e o outro.

Temos dois ouvidos e uma boca, para ouvir mais do que falar.

Você escuta as necessidades dos seus filhos? Você escuta o que o seu marido diz? Ou vive apenas reclamando que ninguém o entende?

Hoje, vou propor um exercício que vai ajudá-lo a desenvolver ainda mais a sua capacidade de escutar: durante todo o dia, cada vez que for responder alguém, comece a sua fala repetindo a última frase que a outra pessoa disse. Assim, necessariamente, terá que ouvir o outro até o fim.

Seja grato pela capacidade de ouvir, porque essa é uma das maiores habilidades da inteligência interpessoal.

REPITA COMIGO:
A GRATIDÃO TRANSFORMA

Agora, registre 3 motivos pelos quais se sente grato.

1._____
_____
_____

2._____
_____
_____

3._____
_____
_____

40º DIA

3 DICAS PARA SE TORNAR UMA PESSOA MAIS POSITIVA

Um dia desses encontrei o seguinte comentário em meu Facebook: "Marcia, nada dá certo em minha vida: minhas finanças estão comprometidas, meu relacionamento está por um fio, e estou detestando o meu trabalho. Parece que me atolei no mar da negatividade".

Grande parte das pessoas ainda encara qualquer conflito vibrando em uma frequência negativa. E o que isso traz? Ainda mais problemas para a sua vida.

Hoje, vou ensiná-lo a ser uma pessoa mais positiva, através de 3 passos simples:

1. Agradeça, diariamente, pelos grandes acontecimentos, e ainda pelos pequenos detalhes.

2. Controle os seus pensamentos, mantendo-os voltados para o que você quer, e não para o que não quer.

3. Faça o que ama, pois viver com paixão dá um novo sabor à vida.

REPITA COMIGO:
A GRATIDÃO TRANSFORMA

Agora, registre 3 motivos pelos quais se sente grato.

1. _____
_____
_____

2. _____
_____
_____

3. _____
_____
_____

41º DIA

PARE DE CORRER ATRÁS DO DINHEIRO

Quando eu era muito jovem, ouvi uma frase que nunca mais saiu da minha cabeça: "Fiquei rico quando 'ganhar dinheiro' perdeu o significado para mim".

Na época, não entendi o que isso queria dizer. Entretanto, hoje, tenho clareza de que o dinheiro precisa ser o MEIO, e não o FIM. Ele é o meio de você dar uma vida digna para os seus familiares; de você colocar os seus dons a favor do Universo; de você fazer as viagens que deseja, para estudar ou ampliar a sua visão de mundo; e para todo o restante que você quer.

No entanto, não pode ser o FIM, o GRANDE OBJETIVO. Foque as suas energias na CAUSA que você assumiu no mundo: se a sua causa é ajudar as pessoas a terem saúde, dedique-se cada vez mais a isso; se a causa é fazer com que fiquem mais bonitas, não meça esforços e ajude o maior número de pessoas. Faça sem pensar no quanto vai receber: cobre bem pelo seu serviço, mas entregue 10 vezes mais do que o cliente pagou. Relaxe com a chegada do dinheiro. Ele virá!

Certa vez, uma aluna me disse:

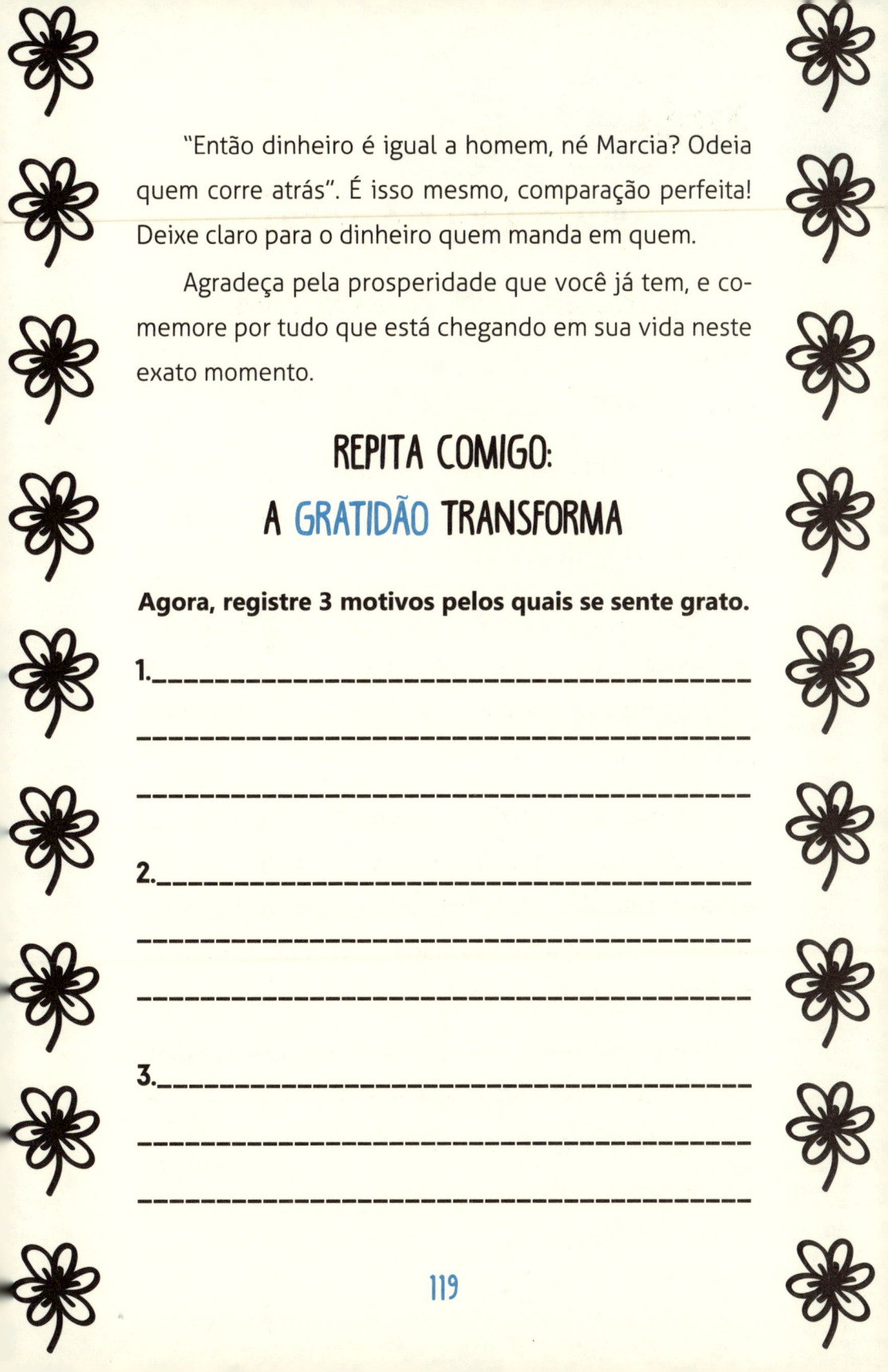

"Então dinheiro é igual a homem, né Marcia? Odeia quem corre atrás". É isso mesmo, comparação perfeita! Deixe claro para o dinheiro quem manda em quem.

Agradeça pela prosperidade que você já tem, e comemore por tudo que está chegando em sua vida neste exato momento.

REPITA COMIGO:
A GRATIDÃO TRANSFORMA

Agora, registre 3 motivos pelos quais se sente grato.

1._____
_____
_____

2._____
_____
_____

3._____
_____
_____

42º DIA

VIVA O AQUI E O AGORA, E ACABE COM A ANSIEDADE

Você sabia que a gratidão é uma aliada na luta contra a ansiedade? Veja como isso é possível:

A ansiedade ocorre por um excesso de energia no futuro, isto é, existe uma tentativa excessiva de querer controlar a tudo e a todos.

Quer ter uma vida feliz e tranquila, sem estresse e ansiedade? Então, aprenda de uma vez por todas as variáveis: tenha sonhos, almeje sempre ir além, mas viva o presente, o hoje, o aqui e agora.

Quando você é grato, aprende a olhar em volta, e a apreciar as coisas que ocorrem no momento presente. Assim, escapa das armadilhas do LÁ E ENTÃO, de quem precisa antecipar o futuro, numa tentativa desesperada de manter o controle de tudo.

Então, pare um pouco, respire fundo, olhe ao redor, aproprie-se de tudo o que está pertinho de você, e diga: **"Sou grato, sou grato, sou grato"**.

REPITA COMIGO:
A GRATIDÃO TRANSFORMA

Agora, registre 3 motivos pelos quais se sente grato.

1. _____
_____
_____

2. _____
_____
_____

3. _____
_____
_____

43º DIA

VOCÊ É UMA PESSOA MENTIROSA?

Já faz algum tempo que tenho feito parte da sua vida, e acredito que, agora, temos intimidade suficiente para eu fazer uma pergunta: você acha que não tem problema viver contando mentirinhas?

Olha, não precisa me responder, mas responda a si mesmo. Saiba que, para Deus, não existe "mentirinha" nem "mentirona".

Sei que falar a verdade é duro; às vezes, não queremos magoar as pessoas; em outras situações, achamos que saímos por cima ao mentir.

Aprenda que você pode ser sincero, se souber utilizar das palavras certas. Não é preciso ser rude, apenas dizer a verdade, sem ofender. Utilize a verdade e o amor.

A mentira pode colocá-lo em situações complicadas. Então, vou propor um desafio: quando você estiver em uma situação na qual teria que mentir, fique em silêncio, e pense em uma forma de contar a verdade, com respeito.

E agradeça por tornar-se uma pessoa melhor.

REPITA COMIGO:
A GRATIDÃO TRANSFORMA

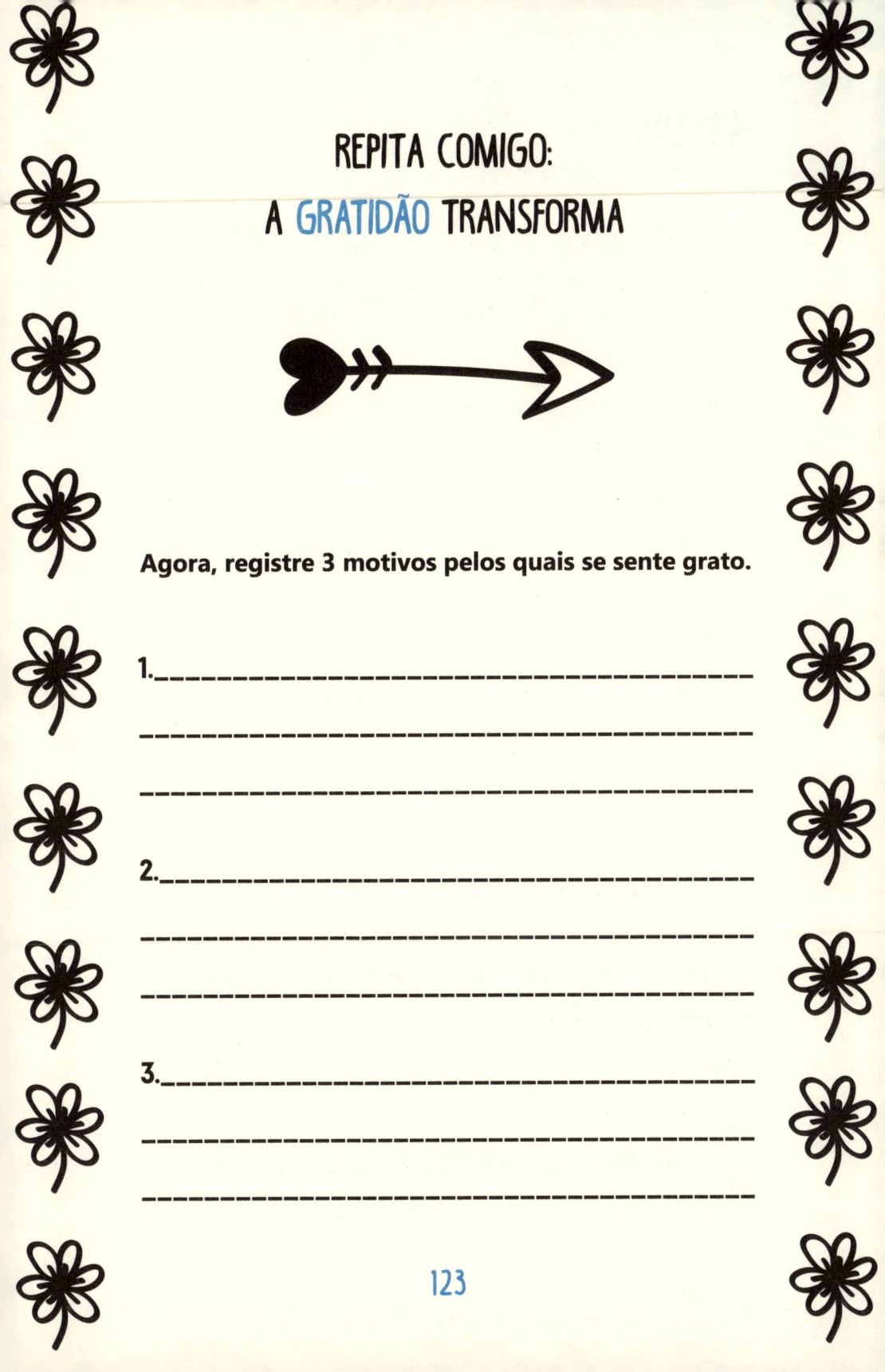

Agora, registre 3 motivos pelos quais se sente grato.

1._____
_____
_____

2._____
_____
_____

3._____
_____
_____

44º DIA

APRENDA 5 ESTRATÉGIAS PARA MELHORAR A SUA AUTOCONFIANÇA

A autoconfiança é o resultado da convicção que cada indivíduo possui acerca de algum feito, pode ser no âmbito profissional, social ou acadêmico.

Talvez, você esteja precisando de ajuda nessa área, por isso, vou ensinar 5 dicas, para que você possa ter mais autoconfiança:

1. Procure estar perto de pessoas positivas;

2. Identifique seus talentos e qualidades;

3. Tenha algum *hobby*;

4. Espante as ideias negativas;

5. Enfrente o medo.

É o quanto você acredita e confia naquilo que se propõe a fazer. Porém, ainda vejo por aí muitas pessoas descrentes do próprio potencial, e que sempre precisam da afirmação dos outros para se sentirem bem consigo mesmas.

Claro que cada caso é um caso, mas, geralmente, ter ou não ter uma autoconfiança elevada, é algo definido na infância. Depende da educação dos pais que, muitas vezes, fazem as tarefas pelos filhos, assumindo a responsabilidade por eles. Quando essa criança cresce, espera que outras pessoas tomem conta das suas obrigações, afinal, foi assim que ela aprendeu.

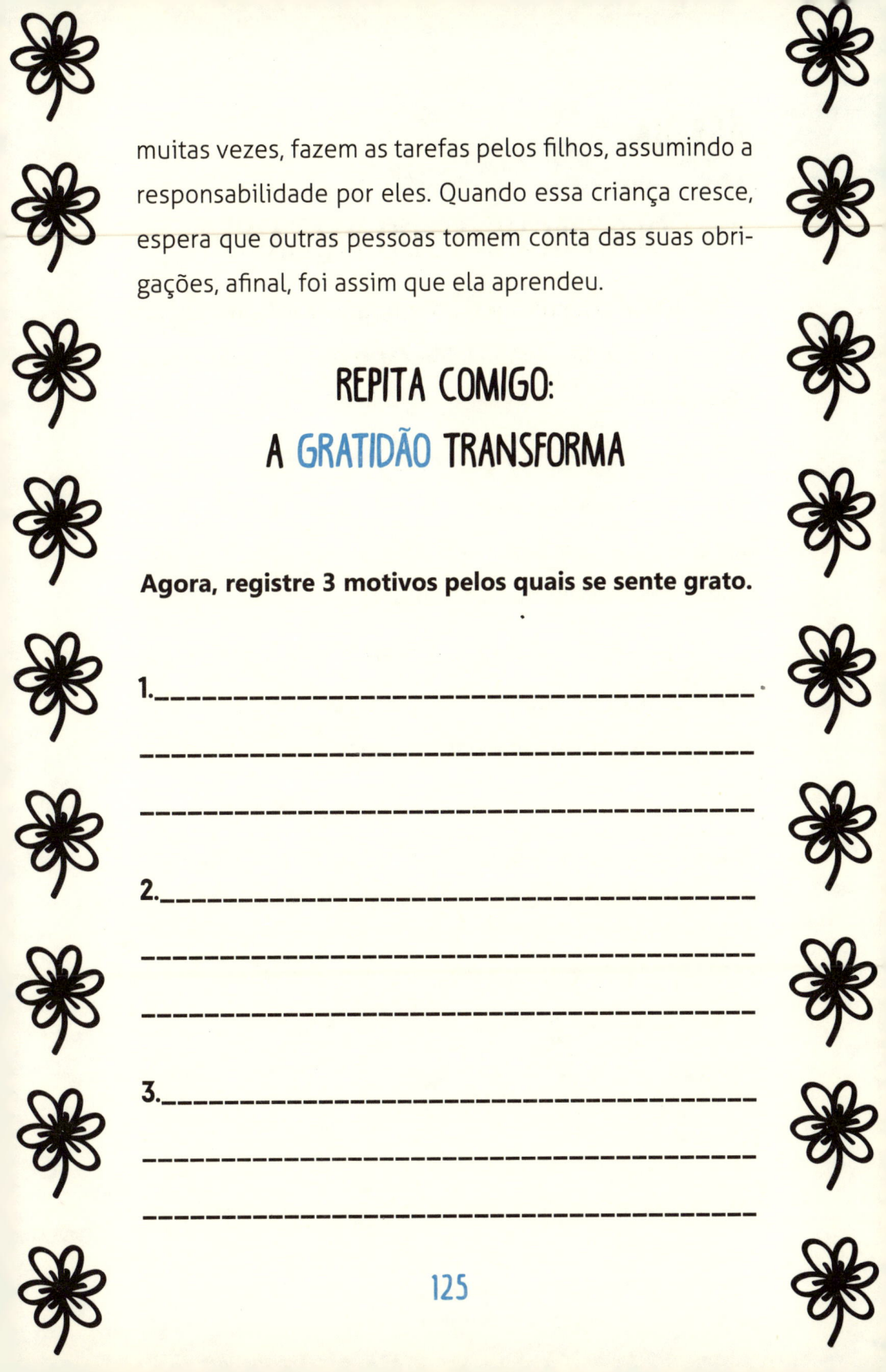

REPITA COMIGO:
A GRATIDÃO TRANSFORMA

Agora, registre 3 motivos pelos quais se sente grato.

1._____
_____
_____

2._____
_____
_____

3._____
_____
_____

45º DIA

DESAPEGUE-SE DO PASSADO

Existe algo muito importante que você precisa saber sobre a alma humana: **liberar o perdão traz paz e harmonia.**

Praticar a gratidão é saber reconhecer que todos os acontecimentos da nossa vida nos moldam como seres humanos, e a forma como encaramos os bons e os maus momentos irá influenciar no futuro.

Quando você decide seguir em frente, não ficando refém de acontecimentos desagradáveis que ocorreram, abre portas para novas oportunidades.

Não dá para ser feliz carregando o peso do passado nas costas, pois as mágoas são como correntes que tolhem sua liberdade e paz de espírito.

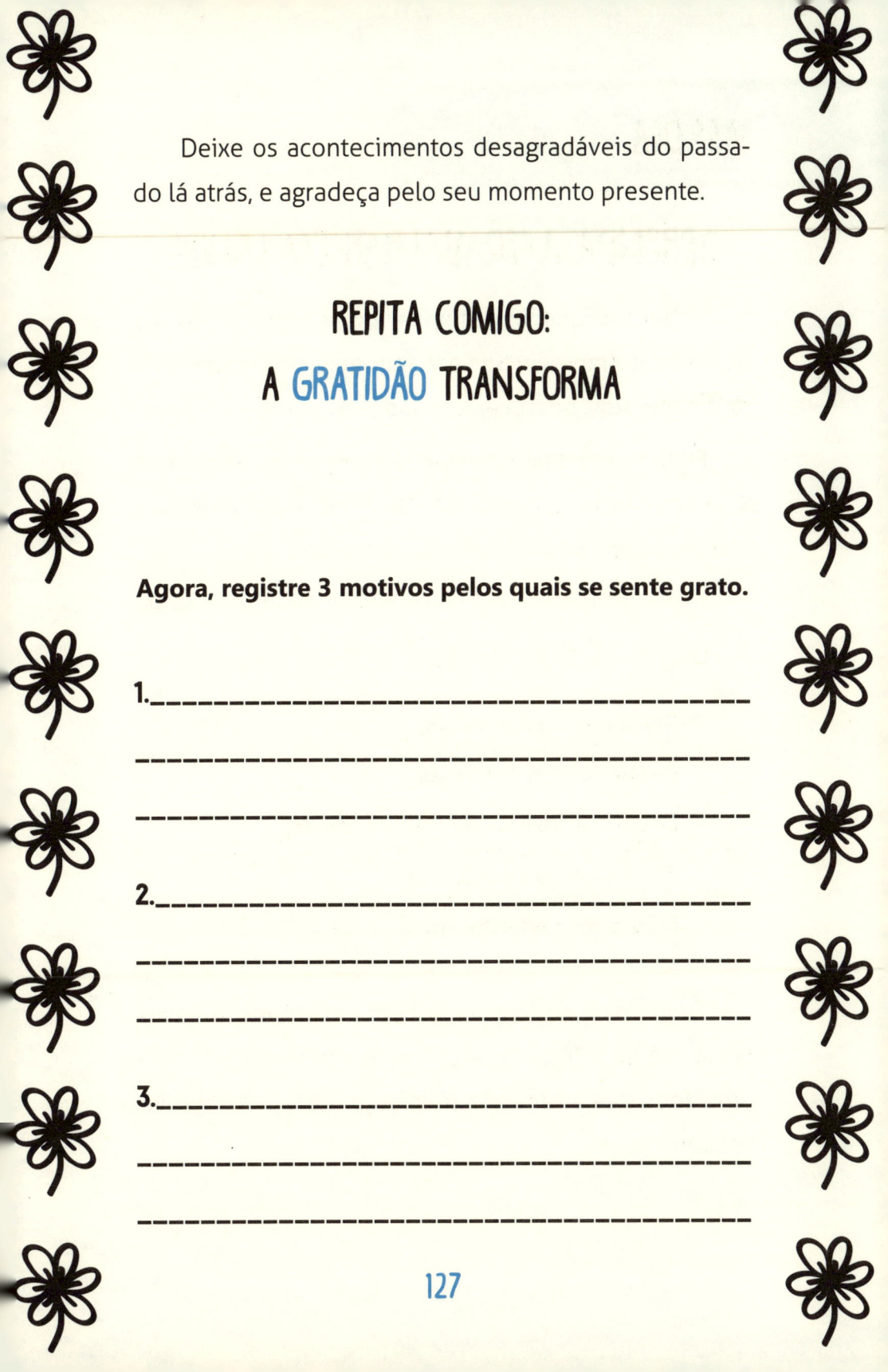

Deixe os acontecimentos desagradáveis do passado lá atrás, e agradeça pelo seu momento presente.

REPITA COMIGO:
A GRATIDÃO TRANSFORMA

Agora, registre 3 motivos pelos quais se sente grato.

1._____
_____
_____

2._____
_____
_____

3._____
_____
_____

46º DIA

APRENDA A TRABALHAR EM EQUIPE

Saber trabalhar em equipe é importante até na hora de arranjar emprego. Se você tem uma boa rede de relacionamentos, possui anjos ajudando em seu caminho.

Nenhum de nós é melhor do que todos nós juntos e, quando somos capazes de somar esforços sinergicamente, os melhores resultados acontecem.

Agora, conheça as 5 características principais de quem sabe trabalhar em equipe:

1. **Sabe ouvir as pessoas;**
2. **Respeita as diferenças;**
3. **Encontra formas de unir as ideias;**
4. **É uma pessoa empática;**
5. **Não pensa apenas em si.**

Treine para se relacionar bem em equipe, e novas portas se abrirão para você. Agradeça todas as oportunidades que visam somar esforços para um objetivo comum.

REPITA COMIGO:
A GRATIDÃO TRANSFORMA

Agora, registre 3 motivos pelos quais se sente grato.

1._____
_____
_____

2._____
_____
_____

3._____
_____
_____

47º DIA

"NÃO TENHO TEMPO"

"Nunca tenho tempo para nada"; "Não tenho tempo para ler, para fazer exercícios, para organizar meu guarda-roupas, para procurar um novo emprego, para ficar com a minha família" etc.

Essas são frases que as pessoas dizem, mas grande parte delas está equivocada, pois tempo é uma questão de prioridade.

O bem mais precioso que temos atualmente é o tempo, e não saber gerenciá-lo pode trazer vários problemas, tais como: improdutividade; infelicidade; sensação de que é "engolido" pelos dias, e de que nunca tem um momento para si.

Cuidado para não se propor a fazer mais do que dá conta, por não saber dizer "não", ou por achar que é o Super-Homem ou a Mulher Maravilha.

Hoje, vou ensinar um exercício poderoso para administrar bem o seu tempo: todos os dias, pela manhã, escreva uma lista das tarefas a serem feitas, incluindo um tempo para se dedicar à família. Então, divida o dia em 3 blocos:

1. O mais importante: aquilo que, uma vez feito, fará toda a diferença;

2. Tempo para você e para a sua família;

3. Demais atividades.

Você vai ver como o seu tempo vai render muito mais.

Seja grato pelo precioso tempo que recebe de Deus a cada novo dia.

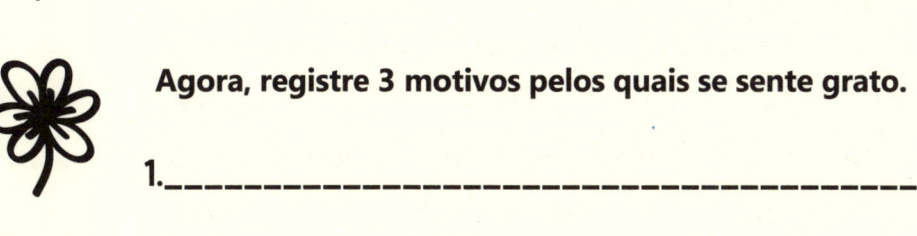

REPITA COMIGO: A GRATIDÃO TRANSFORMA

Agora, registre 3 motivos pelos quais se sente grato.

1._____

_____

_____

2._____

_____

_____

3._____

_____

_____

48º DIA

COMO SER GRATO, MESMO ENFRENTANDO UMA CRISE FINANCEIRA

Você gostaria de ter uma vida milionária?

Precisamos ressignificar alguns valores, pois os pais, os professores e o meio social ensinaram que "dinheiro não traz felicidade", como se você não pudesse ter as duas coisas ao mesmo tempo.

Eu mesma fui refém de crenças limitantes em relação ao dinheiro por muitos anos. Passei a minha infância, a adolescência, e parte da vida adulta, pensando, por exemplo, que: "dinheiro era sujo"; "espiritualidade e dinheiro não podiam caminhar juntos"; que "se eu era honesta, não podia ser rica".

Você precisa fazer as pazes com o dinheiro: se achar uma moedinha, pegue-a, lave-a e comemore. Dinheiro não aguenta desaforo, e a vida dá mais do mesmo. Sua mente vai entender que você gostou de ganhá-lo, e vai descobrir formas de conseguir muito mais.

REPITA COMIGO:
A **GRATIDÃO** TRANSFORMA

Agora, registre 3 motivos pelos quais se sente grato.

1. _____
_____
_____

2. _____
_____
_____

3. _____
_____
_____

49º DIA

COMO ELIMINAR A MÁGOA EM RELAÇÃO AOS PAIS

Não são todas as crianças que possuem a felicidade de nascer em um lar estruturado ou em um ambiente motivador.

Desconheço como foi a sua história de vida, mas quero fazer uma pergunta: você guarda rancor pela forma como seus pais o tratavam na infância?

A resposta da maioria das pessoas é: "Sim, tenho algumas questões mal resolvidas em relação aos meus pais".

Bom, eu preciso esclarecer que existem os pais ideais, aqueles que gostaríamos de ter tido; e os pais reais, que fizeram o que deram conta.

Acontece que você só será uma mãe ou um pai completo quando estiver em paz com as recordações cheias de mágoas em relação aos seus pais.

Então, hoje, vou propor um exercício para você: escreva 10 coisas que mais admira nos seus pais. Se eles ainda forem vivos, mande essa carta para eles; se já tiverem morrido, faça isso em suas orações.

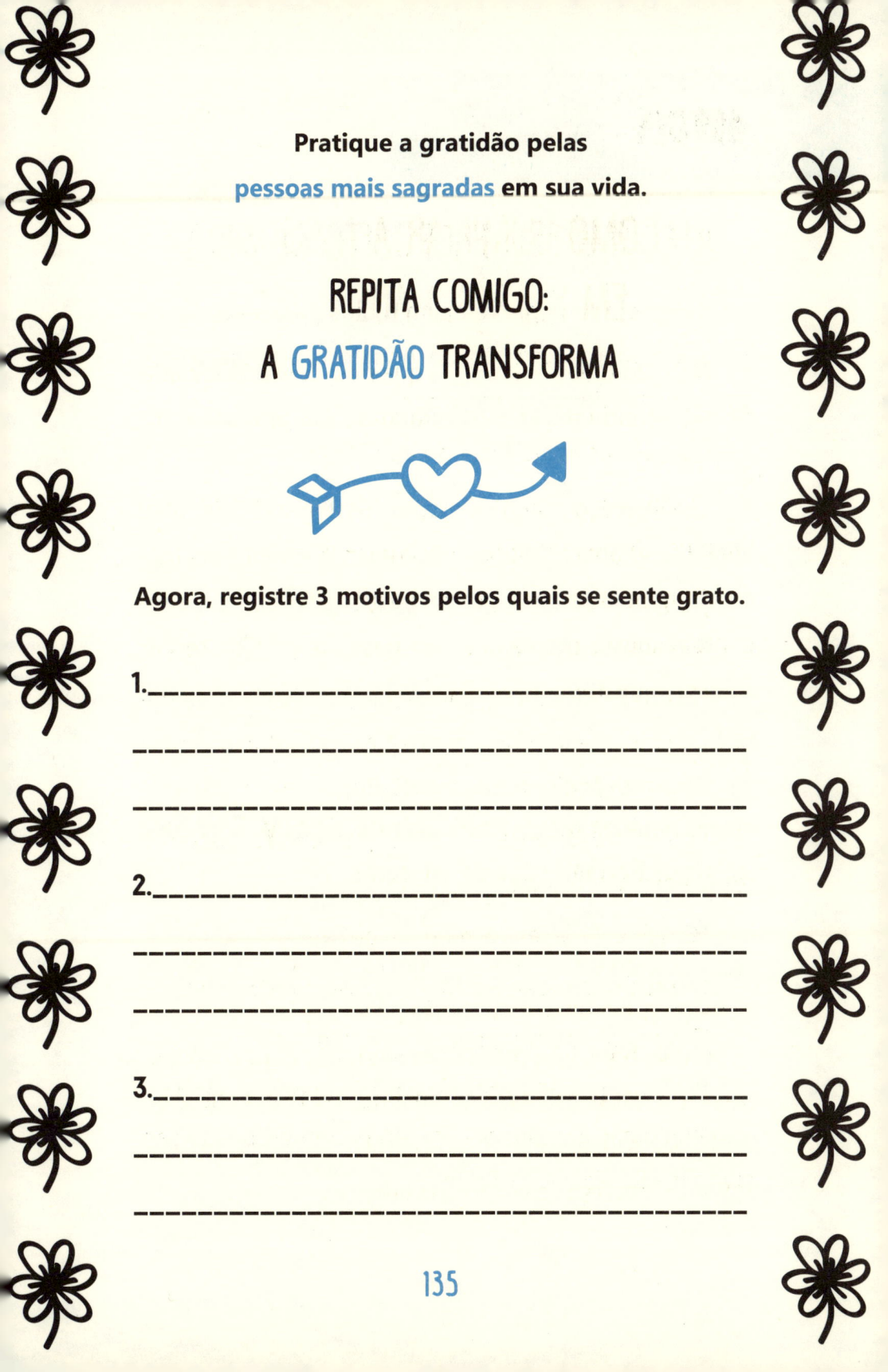

Pratique a gratidão pelas pessoas mais sagradas em sua vida.

REPITA COMIGO:
A GRATIDÃO TRANSFORMA

Agora, registre 3 motivos pelos quais se sente grato.

1._____
_____
_____

2._____
_____
_____

3._____
_____
_____

50º DIA

QUAL É O SEU PROPÓSITO DE VIDA?

Três pedreiros preparavam tijolos para serem utilizados em uma construção. Um homem que passava chegou até o primeiro e perguntou:

"O que você está fazendo aqui?"

"Assentando tijolos...", respondeu secamente, com um olhar de poucos amigos e a paciência no limite.

Dirigindo-se ao segundo pedreiro, o homem perguntou a mesma coisa.

"Estou garantindo o 'ganha pão', o sustento da minha família...", respondeu, meio que se arrastando, louco para que o expediente terminasse logo.

Então, chegando ao terceiro pedreiro, o passante fez a mesma pergunta:

"O que está fazendo, meu amigo?"

O trabalhador deu um largo sorriso e respondeu:

"Estou construindo uma grande catedral!"

Pessoas que não encontram um propósito são fortes candidatas à depressão; pessoas com propósito são muito mais felizes e produtivas.

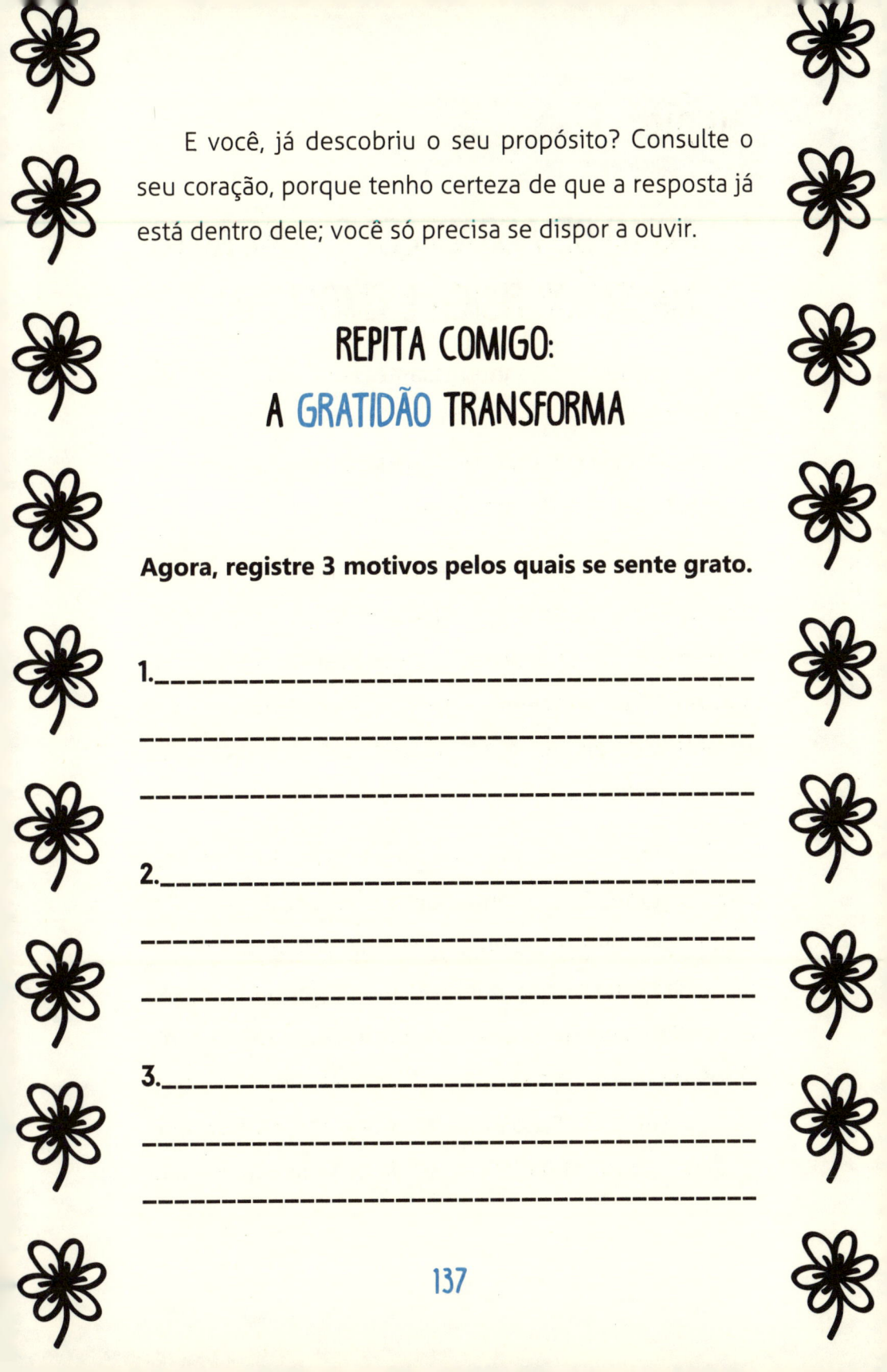

E você, já descobriu o seu propósito? Consulte o seu coração, porque tenho certeza de que a resposta já está dentro dele; você só precisa se dispor a ouvir.

REPITA COMIGO:
A GRATIDÃO TRANSFORMA

Agora, registre 3 motivos pelos quais se sente grato.

1._____

2._____

3._____

51º DIA

O HÁBITO DE AGRADECER E O IMPACTO NA SAÚDE FÍSICA E EMOCIONAL

Um estudo muito interessante, conduzido por Paul Mills, professor de Medicina da Universidade da Califórnia, atesta que o hábito de agradecer tem impacto na qualidade de vida das pessoas.

Paul reuniu um grupo de 186 homens e mulheres, durante um período de dois meses. Para fazer parte do experimento, os participantes precisavam apresentar algum tipo de insuficiência cardíaca, justamente porque o objetivo do médico era testar o quanto o exercício de gratidão poderia ser benéfico nessa área da saúde.

Os participantes precisavam escrever em um "caderno da gratidão", durante dois meses, onde anotariam os motivos pelos quais eram gratos. Os resultados dessa pesquisa foram surpreendentes: após o período proposto, constatou-se que houve uma redução dos níveis de vários biomarcadores inflamatórios, fazendo com que os problemas cardíacos fossem muito menos frequentes. Além disso, os participantes da pesquisa tiveram as condições de saúde restabelecidas, senão em sua totalidade, no mínimo, em boa parte.

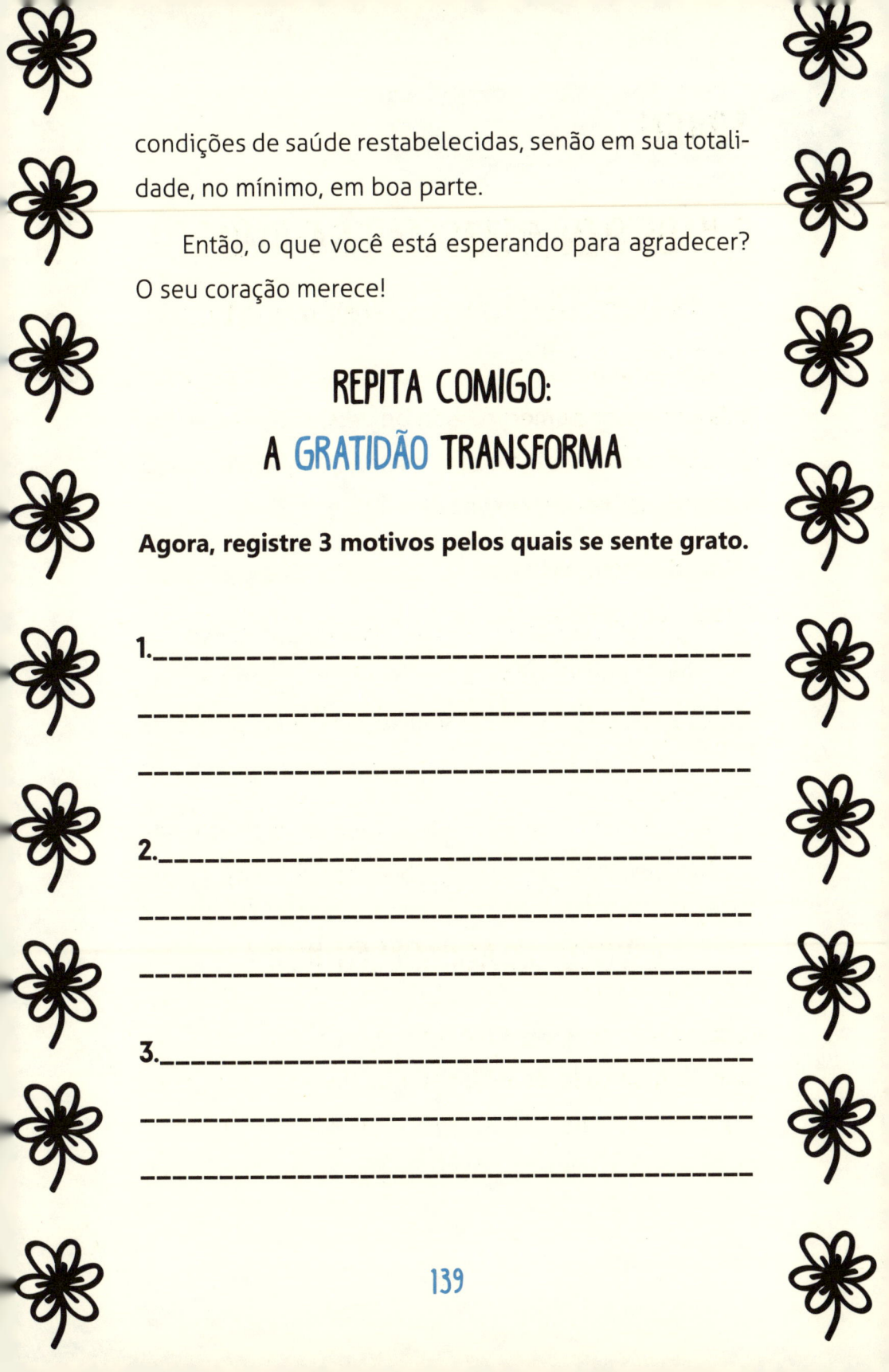

Então, o que você está esperando para agradecer? O seu coração merece!

REPITA COMIGO:
A GRATIDÃO TRANSFORMA

Agora, registre 3 motivos pelos quais se sente grato.

1. _____
_____
_____

2. _____
_____
_____

3. _____
_____
_____

52º DIA

OS BENEFÍCIOS DA GRATIDÃO

Pesquisas recentes comprovaram que as pessoas que expressam gratidão:

1. Têm um humor melhor, ou seja, são pessoas de bem com a vida e que conseguem enxergar o lado bom das coisas, em vez de sempre reclamar.

2. Dormem melhor.

3. São mais eficazes na resolução de problemas, ou seja, já que são mais assertivas, vão direto ao ponto e não se perdem ou se distraem com a possibilidade de outros desafios que possam surgir.

4. Têm menos probabilidade de desenvolver inflamações, diminuindo os problemas cardíacos.

E VOCÊ, JÁ AGRADECEU HOJE?

REPITA COMIGO:
A GRATIDÃO TRANSFORMA

Agora, registre 3 motivos pelos quais se sente grato.

1. _____
_____
_____

2. _____
_____
_____

3. _____
_____
_____

53º DIA

NÃO SEJA REFÉM DAS SUAS PRÓPRIAS EMOÇÕES

Leslie Cameron-Bandler e Michael Lebeau, autores do livro "O refém emocional", afirmam que todas as emoções são úteis. A nossa cultura é que as diferencia em boas ou ruins.

Na realidade, cada uma delas atende a um propósito distinto e, se forem bem empregadas, só trazem benefícios para os seres humanos. Veja aqui alguns exemplos:

✓ O medo sinaliza que você pode estar correndo um risco, e precisa ficar atento;

✓ A raiva, que você precisa reagir e aprender a dar limite ao outro;

✓ A tristeza (ou luto) faz com que você se recolha para se recompor;

✓ A frustração permite que você entre em contato com o fracasso e se prepare para retomar seu objetivo;

✓ A decepção propicia que você desista e, às vezes, é hora de desistir mesmo;

✓ A ansiedade indica que você está apreensivo a respeito de algo que vai acontecer, e a dica, talvez, seja se preparar mais, visualizando imagens de sucesso, e não de fracasso.

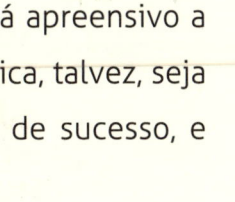

O perigo é quando a emoção toma conta de você, paralisando-o. Ao invés de colocá-la para trabalhar a seu favor, você vira refém dela.

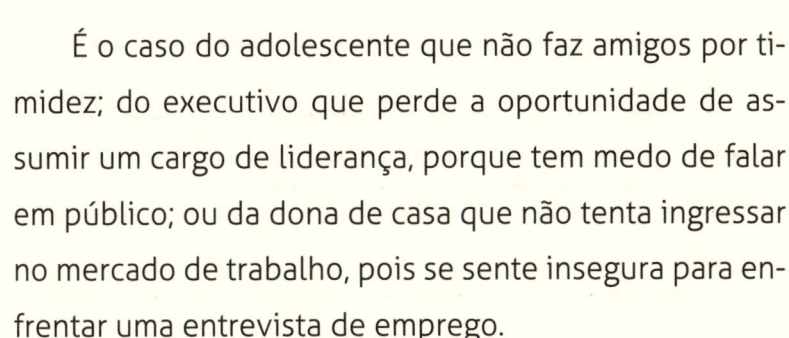

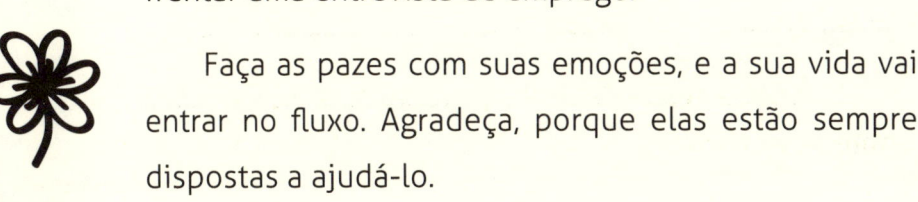

É o caso do adolescente que não faz amigos por timidez; do executivo que perde a oportunidade de assumir um cargo de liderança, porque tem medo de falar em público; ou da dona de casa que não tenta ingressar no mercado de trabalho, pois se sente insegura para enfrentar uma entrevista de emprego.

Faça as pazes com suas emoções, e a sua vida vai entrar no fluxo. Agradeça, porque elas estão sempre dispostas a ajudá-lo.

REPITA COMIGO:
A GRATIDÃO TRANSFORMA

Agora, registre 3 motivos pelos quais se sente grato.

1._____
_____
_____

2._____
_____
_____

3._____
_____
_____

54º DIA

NÃO EXISTE FELICIDADE SEM GRATIDÃO

As pessoas gratas não perdem tempo reclamando da vida. Quem pratica a gratidão sabe enfrentar as adversidades.

Você não vai deixar de ter problemas na sua vida por praticar a gratidão, mas vai saber lidar com muito mais facilidade, porque se sentirá fortalecido e vai dar a devida importância a eles. Quando a gratidão entra, a depressão, a raiva e a tristeza saem, porque sua mente não consegue se concentrar em dois tipos de sentimentos diferentes ao mesmo tempo.

Preste atenção aos pequenos detalhes, e descobrirá centenas de motivos para agradecer. Faça isso agora!

REPITA COMIGO: A GRATIDÃO TRANSFORMA

Agora, registre 3 motivos pelos quais se sente grato.

1. _____
_____
_____

2. _____
_____
_____

3. _____
_____
_____

55º DIA

CONHEÇA OS 5 RESPONSÁVEIS PELA SUA TRISTEZA

A felicidade é uma escolha, e a tristeza também. A boa notícia é que, se você se conhece, sabe "onde o sapato aperta", e como não cair nas garras da tristeza.

Agora, veja quais são os 5 possíveis responsáveis pela tristeza:

1. **Estresse;**

2. **Inveja/comparar-se com os outros;**

3. **Negatividade/pessimismo;**

4. **Sempre se colocar no papel de vítima;**

5. **Ser impulsivo e arrepender-se depois.**

E você sabe qual é o melhor antídoto para a tristeza? Acertou quem disse "Agradecer".

Então, que tal fazer isso agora?

REPITA COMIGO:
A GRATIDÃO TRANSFORMA

Agora, registre 3 motivos pelos quais se sente grato.

1. _____
_____
_____

2. _____
_____
_____

3. _____
_____
_____

56º DIA

COMO OS PAIS PODEM ENSINAR OS FILHOS A PRATICAREM A GRATIDÃO

Você sabe tão bem quanto eu como é imprescindível que sejamos um exemplo dentro de casa.

Precisamos ensinar valores de gratidão e positividade para as crianças. É fundamental que elas saibam a importância de serem gratas, de não reclamarem da vida, a fim de entenderem que os seus sentimentos, e os das outras pessoas, são especiais e merecem respeito.

Comece a estimular o seu filho a fazer os exercícios de gratidão com você. Agora é a hora de instalar os hábitos que definirão o futuro deles.

REPITA COMIGO:
A GRATIDÃO TRANSFORMA

Agora, registre 3 motivos pelos quais se sente grato.

1._____
_____
_____

2._____
_____
_____

3._____
_____
_____

57º DIA

O MEDO DE SER REJEITADO

Aprendi que, quando temos os nossos valores, devemos defender aquilo que acreditamos. Você precisa ser bem resolvido, pois ficar mudando suas atitudes, de acordo com as circunstâncias, para não se sentir rejeitado, é sinal de que não está seguro de si.

Você vive para agradar os outros? Coloca nas mãos deles o poder sobre como se sente a seu respeito?

Hoje, vou dar 3 dicas para você fortalecer a sua autoestima e autoconfiança:

1. Conecte-se a si mesmo; conheça-se melhor. Você precisa saber qual é a dor e a delícia de ser quem você é.

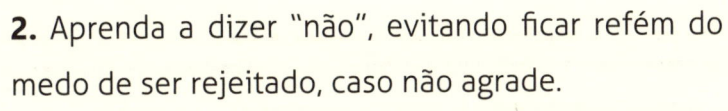

2. Aprenda a dizer "não", evitando ficar refém do medo de ser rejeitado, caso não agrade.

3. Cuide do seu interior e do seu exterior. O cuidado com você será uma forma de expressão de amor por si mesmo.

Além disso, agradeça pelo que você é, por suas qualidades e virtudes; pelas oportunidades de aprendizado proporcionadas pelos seus erros; pela sua vida; pelo seu presente, passado e futuro. Isso vai fortalecê-lo, reduzindo bastante o medo de ser rejeitado ou de não ser amado.

REPITA COMIGO:
A GRATIDÃO TRANSFORMA

Agora, registre 3 motivos pelos quais se sente grato.

1. _____
_____
_____

2. _____
_____
_____

3. _____
_____
_____

58º DIA

INVEJA: O QUE FAZER COM ESSE SENTIMENTO?

Se você for até o dicionário, encontrará o seguinte significado para a palavra "inveja":

Substantivo feminino.
1. desgosto provocado pela felicidade ou prosperidade alheia.
2. desejo irrefreável de possuir ou gozar o que é de outrem.

Comparar-se com outras pessoas faz com que você se sinta inferior ou superior. Aos olhos de Deus, todos somos iguais, não há melhores ou piores, apenas somos diferentes.

Você compara o "palco do outro" com os seus "bastidores", mas se esquece do quanto ele ralou para chegar até aquele ponto.

Pare de achar que a grama do vizinho é sempre mais verde, ou que você não é bom o bastante.

É hora de agradecer pelas suas qualidades, habilidades, capacidades, conquistas, conhecimentos. Se você não se valorizar, ninguém fará isso por você.

Você é um filho muito amado de Deus, e não precisa se sentir inferior, ou desejar estar no lugar de nenhuma outra pessoa do planeta.

REPITA COMIGO: A GRATIDÃO TRANSFORMA

Agora, registre 3 motivos pelos quais se sente grato.

1._____
_____
_____

2._____
_____
_____

3._____
_____
_____

59º DIA

3 ATITUDES PARA UMA VIDA DE SUCESSO

Muita gente acha que Deus as abandonou, e que elas estão entregues "à mercê" dos problemas e do caos deste mundo.

Mas, parando para analisar suas posturas, é possível entender por que suas vidas andam desse jeito.

São pessoas que se colocam como vítimas, reféns das circunstâncias, em vez de assumirem a direção do "ônibus da própria vida".

Hoje, vou ensiná-lo 3 atitudes que atraem uma vida de sucesso:

1. Ser uma pessoa grata;

2. Saber o seu propósito de vida;

3. Traçar metas e dedicar-se diariamente a elas.

Se você tem um "porquê", será capaz de enfrentar qualquer "como". O grande segredo é definir a direção e seguir adiante, agradecendo cada conquista durante a caminhada.

A vitória pertence aos determinados. Não faça para ver se dá certo, faça até dar certo.

REPITA COMIGO: A GRATIDÃO TRANSFORMA

Agora, registre 3 motivos pelos quais se sente grato.

1._____
_____
_____

2._____
_____
_____

3._____
_____
_____

60º DIA

"PRAGA DE URUBU... NÃO TRAZ BENEFÍCIOS"

Muita gente não sabe lidar com a felicidade e o sucesso alheios. Quando a sua vida vai bem, ótimo; mas se a situação começa a ficar crítica, logo passa a torcer para que a vida do outro também se torne um caos.

Não se compare! Jamais deseje o mal ao outro. Lembre-se de que você irá colher o que plantar.

"Praga de urubu..." – já que a rima é proibida –, posso afirmar que não traz benefícios para ninguém.

Torça sempre pela felicidade do próximo. Agradeça por tudo de bom que acontece na vida dele, ainda que não mereça. Fazendo isso, você estará ativando o poder da atração, e quanto mais bênçãos desejar, mais terá também em sua vida.

REPITA COMIGO:
A GRATIDÃO TRANSFORMA

Agora, registre 3 motivos pelos quais se sente grato.

1._____
_____
_____

2._____
_____
_____

3._____
_____
_____

61º DIA

VOCÊ SABE VALORIZAR QUEM O VALORIZA?

Você trata bem as pessoas que cuidam de você e o protegem? Ou está tratando melhor as pessoas que não estão nem aí com você?

Parece até a época do colégio, quando o menino "gente boa" se apaixona pela mocinha, mas ela só tem olhos para o *playboy* mau caráter, que não tem nada a ver com ela.

Nós acabamos sendo ásperos e grosseiros exatamente com quem mais amamos.

Você diria para o seu chefe o que diz para a sua mãe ou para o seu marido?

Quando estiver no meio de uma discussão, faça de conta que o telefone tocou e que precisa falar com seu marido, mãe, ou filho, no tom de voz que falaria ao telefone com um estranho ou com o seu chefe. Esse simples mecanismo aumentará o seu cuidado com as pessoas que realmente importam em sua vida.

Exercite a gratidão às pessoas que AMAM VOCÊ!

REPITA COMIGO: A GRATIDÃO TRANSFORMA

Agora, registre 3 motivos pelos quais se sente grato.

1._____
_____
_____

2._____
_____
_____

3._____
_____
_____

62º DIA

FORTALEÇA A SUA FÉ

Vamos entender o que é fé: **confiança absoluta em alguém ou em algo; crédito**.

Você precisa ter fé, ou seja, acreditar, com convicção, nos planos e sonhos que possui. Acredite, mesmo que as circunstâncias pareçam desfavoráveis.

No livro de Reis (4:8), é narrada a história do profeta Eliseu, que sempre ia com seu aprendiz de profeta, Geazi, à cidade de Suném, e eram acolhidos e alimentados muitas vezes pela mulher sunamita.

Com o passar dos anos, o filho dessa mulher tem uma forte dor de cabeça e morre.

Ela envia um dos seus servos para dizer ao seu marido: "Mande para mim um jumento, imediatamente, porque tenho algo a tratar com Deus, através do profeta Eliseu."

O esposo manda perguntar se está tudo bem com ela e com o menino. E ela responde, ao esposo: "Vai tudo bem."

De longe Eliseu vê a mulher se aproximando, e diz a Geazi: "Vá se encontrar com ela e pergunte se vai tudo bem com ela, com seu marido, com seu filho."

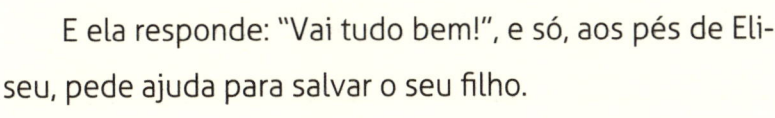

E ela responde: "Vai tudo bem!", e só, aos pés de Eliseu, pede ajuda para salvar o seu filho.

O que aprendemos aqui é que a mulher sunamita possuía tanta fé, sendo capaz de afirmar que estava tudo bem.

E a sua fé, também é inabalável?

Então, hoje você vai abrir o coração e agradecer pelos 5 sonhos que possui, como se eles já tivessem se concretizado. Que tal? Faça isso com fé e convicção, ativando o campo eletromagnético correto para atrair esses elementos para a sua vida.

REPITA COMIGO: A GRATIDÃO TRANSFORMA

Agora, registre 3 motivos pelos quais se sente grato.

1._____

_____

2._____

_____

3._____

_____

63º DIA

COMO LIDAR COM A RAIVA UTILIZANDO A GRATIDÃO

Você costuma falar de maneira agressiva, ofendendo as pessoas, quando está de "cabeça quente"? Sente culpa e arrependimento quando tem essa atitude, mas repete o mesmo deslize depois?

A energia da raiva tende a voltar para você, como culpa ou mágoa.

Acontece que todo sentimento de raiva tem um lado positivo e negativo. O lado negativo é o que vem acompanhado por comportamentos agressivos altamente destrutivos para você e para o foco da sua raiva; o lado positivo é que a raiva se trata de uma emoção capaz de ensiná-lo a tomar uma atitude assertiva no momento em que se sentiu invadido, fazendo-o dar limites ao outro.

Aprenda a agradecer, porque essa pessoa que invadiu os seus limites deu a você a oportunidade de exercitar a sua capacidade de defender o seu espaço pessoal.

REPITA COMIGO: A GRATIDÃO TRANSFORMA

Agora, registre 3 motivos pelos quais se sente grato.

1._____
_____
_____

2._____
_____
_____

3._____
_____
_____

64º DIA

O MEDO PODE DERROTÁ-LO

O medo impede as pessoas de arriscar, aprisionando-as em suas zonas de conforto; ele é caracterizado pela falta de fé em si mesmo: você acha que não vai dar conta.

Aprenda a identificar a "vozinha" interna que fica na sua cabeça detonando-o, e a combata dizendo, em voz alta, o oposto do que estava aterrorizando-o.

Exemplo: "Não vou conseguir resolver essa situação", substitua por: "Eu sempre encontro as melhores saídas para os meus desafios"; ou: "Eu nunca faço as coisas direito", dizendo: "Eu faço acontecer o meu sucesso todos os dias".

Em vez de ter medo de fracassar, experimente agradecer pelas suas vitórias. A sua perspectiva sobre a própria vida mudará significativamente, e para muito melhor!

REPITA COMIGO: A GRATIDÃO TRANSFORMA

Agora, registre 3 motivos pelos quais se sente grato.

1._____
_____
_____

2._____
_____
_____

3._____
_____
_____

65º DIA

BLINDE-SE CONTRA A MÁGOA ATRAVÉS DA GRATIDÃO

A mágoa pode ser a principal causadora dos seus problemas físicos e emocionais.

Você fica refém de situações que já aconteceram, algumas há dias; outras, há meses ou anos; e por isso não consegue voltar a ser feliz e em paz.

Veja algumas formas de superar mágoas:

1. Pergunte-se: o que eu posso aprender com essa situação?

2. Aceite que cada pessoa funciona de uma maneira diferente.

3. Cuidado com a hipersensibilidade, você não é de "manteiga".

4. Ria de si mesmo, não leve tudo tão a sério.

REPITA COMIGO:
A GRATIDÃO TRANSFORMA

Agora, registre 3 motivos pelos quais se sente grato.

1._____
_____
_____

2._____
_____
_____

3._____
_____
_____

66º DIA

RIA DE SI MESMO!

Não leve a vida tão a sério.

Aprender a rir dos próprios defeitos é uma arma poderosa contra a baixa autoestima.

Escute as críticas como *feedbacks*. Guarde-as para si e reflita. Isso vai fazer com que você cresça e evolua como ser humano. Já aquilo que serve apenas para destruir, jogue fora.

Cuidado com a autocrítica em excesso. Você vai errar muitas vezes. E daí?

Veja o lado bom dos seus "micos". Você terá fatos para contar, e eles costumam ser muito mais interessantes do que as histórias tristes.

Eu, por exemplo, tenho vários episódios hilários em minha vida. Certa vez, na época da faculdade, saí de casa morrendo de pressa, porque estava atrasada para pegar o ônibus e ir para a aula. Chegando lá, parei no bebedouro para tomar um gole de água, olhei para os meus pés, e descobri que estava com um sapato diferente em cada pé!

Acredite, eu consegui fazer isso! É evidente que, na ocasião, fiquei constrangida, mas depois dei muita risada. Sempre que conto essa história, volto a dar boas gargalhadas.

Aprenda que você é humano, e não precisa ser perfeito!

REPITA COMIGO: A GRATIDÃO TRANSFORMA

Agora, registre 3 motivos pelos quais se sente grato.

1._____

_____

_____

2._____

_____

_____

3._____

_____

_____

67º DIA

DEMONSTRE A SUA GRATIDÃO

Você já reparou que tendemos a reclamar do que não temos, e esquecemos de agradecer o que temos?

E como a vida dá mais do mesmo, quanto mais você coloca o foco na falta, em vez de valorizar o que recebe, menos presentes a vida dá para você.

Deixa eu contar uma história que ouvi do Tony Robbins, grande profissional de desenvolvimento humano. Ele conta que possuía um pé de abacates no quintal e, certa vez, resolveu presentear a vizinha com três frutas.

Como toda pessoa educada, ela agradeceu o presente, mas, o mais interessante, foi o que ocorreu dias depois. Essa vizinha encontrou Tony e foi agradecer novamente, de forma efusiva, dizendo que os abacates estavam maravilhosos, que fez um doce com a fruta, e que toda a família adorou. A manifestação de gratidão foi tanta, que Tony não teve dúvidas: ao chegar em casa, encheu uma sacola com uma quantidade enorme de abacates, e levou novamente para ela.

Acontece que a vida faz conosco a mesma coisa: se somos gratos no pouco, ganhamos muito mais. Lembre-se disso!

REPITA COMIGO: A GRATIDÃO TRANSFORMA

Agora, registre 3 motivos pelos quais se sente grato.

1. _____

_____

_____

2. _____

_____

_____

3. _____

_____

_____

68º DIA

SABER E NÃO FAZER, É AINDA NÃO SABER

Conta uma história que três sapos estavam em uma lagoa, quando ela começou a ferver. Um dos sapos resolveu sair da água. Se eu perguntar quantos morreram, você é capaz de me responder?

Teoricamente, apenas dois sapos teriam morrido, mas não foi o que aconteceu. Os três morreram escaldados, pois, o que resolveu sair, apenas "resolveu" sair. Em vez de agir, permaneceu ali parado, na lagoa.

Só resolver não adianta. Toda resolução exige uma ação para se tornar efetiva.

Lembre-se da frase de Lao-Tsé: "Saber e não fazer, ainda não é saber".

E, muitas vezes, não levamos nossa decisão até o campo da ação por pura insegurança, por não acreditarmos na nossa capacidade, por prestarmos atenção no que pode dar errado.

Que tal mudar o olhar e começar a observar as oportunidades? Você vai ver que tudo ficará mais fácil.

REPITA COMIGO: A GRATIDÃO TRANSFORMA

Agora, registre 3 motivos pelos quais se sente grato.

1._____
_____
_____

2._____
_____
_____

3._____
_____
_____

69º DIA

AJA COM SABEDORIA, E NÃO APENAS POR COMPAIXÃO

Certa vez, um camponês encontrou uma cobra morrendo em seu sítio. Vendo o sofrimento dela, encheu-se de compaixão. Apanhou a cobra e, cuidadosamente, levou-a para casa. Deu leite morno, envolveu-a em um cobertor macio e, com carinho, colocou-a ao seu lado, na cama, quando foi dormir. Pela manhã, o camponês estava morto.

Por que ele foi morto? Porque agiu movido pela compaixão, deixando de lado a sabedoria. Faz parte do instinto da cobra picar, e foi ingenuidade do camponês achar que apenas sua compaixão e bondade seriam um "escudo de proteção".

Encontre uma forma de "salvar a cobra sem segurá-la"; o que significa equilibrar sabedoria e compaixão. Quantas vezes, por só sentirmos compaixão pelas pessoas, deixamos que elas se acovardem ou até se tornem preguiçosas.

A vida proporciona oportunidades de exercitar essas duas capacidades o tempo todo; agradeça e aproveite!

REPITA COMIGO:
A GRATIDÃO TRANSFORMA

Agora, registre 3 motivos pelos quais se sente grato.

1. _____
_____
_____

2. _____
_____
_____

3. _____
_____
_____

70º DIA

FORMAS E FORMAS DE DIZER VERDADES

Um sultão sonhou que havia perdido todos os dentes. Logo que despertou, mandou chamar um "adivinho" para interpretar o sonho.

O adivinho, que era conhecido por sempre acertar suas interpretações de sonhos, não pensou duas vezes para responder: "Que desgraça, senhor! Cada dente caído representa a perda de um parente de Vossa Majestade".

Enfurecido, o sultão chamou os guardas, ordenando-os que castigassem, sem piedade, aquele homem capaz de dizer coisas tão desagradáveis. Em seguida, mandou que trouxessem outra pessoa para interpretar seu sonho.

O novo adivinho, já sabendo do triste destino de seu antecessor, disse ao sultão: "Grande felicidade vos está reservada, Alteza. O sonho significa que havereis de sobreviver a todos os vossos parentes."

O sultão ficou tão feliz que mandou premiar o homem com cem moedas de ouro. Quando o segundo adivinho saiu do palácio, um dos guardas disse admirado: "Não é possível! A interpretação que você fez foi a mesma feita pelo seu colega. Não entendo por que, ao primeiro, ele castigou; e a você, premiou."

E o adivinho, calmamente, respondeu: "Lembre-se, meu amigo, tudo depende da forma como as verdades são ditas."

Treine a sua capacidade de dizer as verdades com amor, e agradeça por todas as oportunidades que a vida der a você para exercitar isso.

REPITA COMIGO: A GRATIDÃO TRANSFORMA

Agora, registre 3 motivos pelos quais se sente grato.

1._____

2._____

3._____

71º DIA

PARE DE PROLONGAR O SOFRIMENTO

Nas aulas de Educação Física, na minha época do Ensino Fundamental, odiava quando o professor media, individualmente, quanto tempo cada um demorava para fazer 100 metros rasos na corrida.

Eu sempre ficava por último, na esperança de que não desse tempo de todos os alunos participarem, o que, evidentemente, não acontecia, pois a aula era cuidadosamente planejada para que todos pudessem ser avaliados. Acho que nem preciso esclarecer que sofria o tempo todo até chegar a minha vez.

Um dia, resolvi ser a primeira a participar da prova, e pude ficar tranquila em poucos minutos.

Esta é uma lição que precisamos aprender: muitas vezes, temos que dar tempo ao tempo; outras vezes, devemos arregaçar as mangas e enfrentar logo a situação; já que não existe coisa pior do que adiar.

Procure encontrar aspectos positivos no desafio que você está enfrentando, e agradeça por ele. Isso dará um novo colorido à sua vida.

REPITA COMIGO:
A GRATIDÃO TRANSFORMA

Agora, registre 3 motivos pelos quais se sente grato.

1._____

_____

_____

2._____

_____

_____

3._____

_____

_____

72º DIA

REAJA DIANTE DAS ADVERSIDADES

Um modesto fazendeiro possuía alguns cavalos e, por uma infelicidade, um deles caiu num velho e profundo poço abandonado, de onde seria extremamente difícil tirá-lo. O animal não havia se machucado, mas, em razão do alto custo da operação para tirá-lo, o fazendeiro tomou a difícil decisão de sacrificá-lo jogando terra no poço até enterrá-lo ali mesmo.

E assim foi feito: os empregados da fazenda, penalizados por terem que realizar uma tarefa tão cruel, começaram a lançar terra para dentro do buraco, de forma a cobrir o cavalo. Mas, à medida que a terra caía em seu dorso, o animal a sacudia, e ela ia se acumulando no fundo do poço, possibilitando que o cavalo subisse aos poucos.

Foi com muita alegria que os homens perceberam que o cavalo não se deixava enterrar, e que, ao contrário, subia à medida que a terra enchia o poço; até que, finalmente, conseguiu sair.

Que lição para todos nós, não é mesmo? Se algum dia você se sentir no fundo do poço, lembre-se da história desse cavalo: sacuda a terra que jogarem sobre você, e não se deixe levar pelas atitudes negativas de pessoas mal-intencionadas.

Agradeça, porque elas estão apenas ajudando-o a subir mais rápido.

REPITA COMIGO: A GRATIDÃO TRANSFORMA

Agora, registre 3 motivos pelos quais se sente grato.

1._____
_____
_____

2._____
_____
_____

3._____
_____
_____

73º DIA

CONSTRUA PONTES, E NÃO BARREIRAS

Dois irmãos que moravam em fazendas vizinhas, separadas apenas por um riacho, tiveram um feio desentendimento: resolveram cortar relações, embora houvesse muito amor entre eles, porque a mágoa havia tomado conta do coração de ambos.

Numa manhã, o irmão mais velho ouviu baterem à sua porta. Era um carpinteiro com uma caixa de ferramentas, procurando por trabalho. O rapaz, que continuava movido pelos piores sentimentos em relação ao irmão caçula, pediu para que o carpinteiro construísse um muro bem alto entre as duas fazendas, para que não precisasse mais vê-lo.

O fazendeiro foi até a cidade e deixou o carpinteiro trabalhando. Quando retornou, ficou abismado, porque, no lugar do muro, ele havia construído uma ponte, ligando um lado ao outro do riacho. Ao erguer os olhos para a ponte, viu seu irmão se aproximando da outra margem, correndo de braços abertos.

Os irmãos se abraçaram no meio da ponte. Emocionados, viram o carpinteiro arrumando suas ferramentas para partir e pediram para que ele ficasse mais alguns dias, a fim de fazer outros trabalhos. O carpinteiro respondeu: "Adoraria, mas tenho muitas outras pontes para construir."

E você, tem construído pontes ou muros à sua volta? **Construa pontes.** Seja você a própria ponte entre as pessoas e agradeça por todas as oportunidades de fazer isso.

REPITA COMIGO: A GRATIDÃO TRANSFORMA

Agora, registre 3 motivos pelos quais se sente grato.

1._____
_____
_____

2._____
_____
_____

3._____
_____
_____

74º DIA

FALE COM SABEDORIA OU EXERCITE O SILÊNCIO

Certa manhã, um pai convidou o filho para passear no bosque, e ele aceitou com prazer.

Depois de um tempo, pararam para descansar numa clareira. Após um breve silêncio, o pai perguntou ao filho: "Além do cantar dos pássaros, você está ouvindo mais alguma coisa?"

O garoto apurou os ouvidos, por alguns segundos, e respondeu: "Estou ouvindo o barulho de uma carroça."

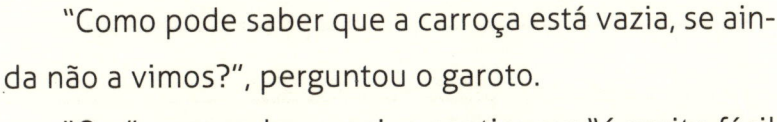

"Isso mesmo", disse o pai. "Uma carroça vazia..."

"Como pode saber que a carroça está vazia, se ainda não a vimos?", perguntou o garoto.

"Ora", respondeu o pai; e continuou: "é muito fácil saber que uma carroça está vazia: quanto mais vazia a carroça, mais barulho ela faz."

Quando vemos uma pessoa falando demais, de maneira inoportuna, interrompendo a conversa de todo mundo, é muito fácil lembrar daquele pai dizendo: "Quanto mais vazia a carroça, mais barulho ela faz".

Exercitar o silêncio é uma dádiva. Quando você exercita o silêncio, consegue silenciar o barulho da própria mente, e isso faz você crescer. Aproveite esses momentos de silêncio para agradecer.

REPITA COMIGO: A GRATIDÃO TRANSFORMA

Agora, registre 3 motivos pelos quais se sente grato.

1._____

_____

_____

2._____

_____

_____

3._____

_____

_____

75º DIA

DÊ O SEU MELHOR ATÉ O FINAL

Um carpinteiro estava para se aposentar. Ele contou ao chefe seus planos de largar o serviço de carpintaria e de construção de casas para viver uma vida mais calma com a família. Claro que um salário mensal faria falta, mas ele desejava muito a aposentadoria.

O dono da empresa lamentou ao saber que perderia um de seus melhores empregados, e o pediu que construísse uma última casa, como um favor especial.

O carpinteiro consentiu, porém, com o tempo percebeu que seus pensamentos (e seu coração) não estavam no trabalho. Ele já não se empenhava como antes no serviço, o que o fez utilizar mão de obra e matérias-primas de qualidade inferior; uma forma lamentável de encerrar a carreira.

Quando o carpinteiro terminou o trabalho, o patrão foi inspecionar a casa. No fim da visita, entregou a chave da porta ao carpinteiro. "Esta casa é sua", disse. "É meu presente para você."

Que choque! Que vergonha! Se ele soubesse que estava construindo sua própria casa, teria feito tudo diferente, não teria sido tão inconsequente. Agora, teria que morar numa casa feita de qualquer maneira.

Todos nós passamos por fases na vida em que a motivação não está em alta, e a tentação é fazer o mínimo necessário em relação às tarefas que nos são atribuídas. No entanto, o tempo todo estamos deixando nossa marca no mundo, e não existe nada pior do que se envergonhar das próprias ações.

Dê o seu melhor do início ao fim, e agradeça pelas oportunidades de fazer a diferença no mundo.

REPITA COMIGO: A GRATIDÃO TRANSFORMA

Agora, registre 3 motivos pelos quais se sente grato.

1._____

_____

_____

2._____

_____

_____

3._____

_____

_____

76º DIA

A GLÓRIA E A DERROTA SÃO PASSAGEIRAS

Havia, certa vez, um rei sábio e bom, que já estava no fim da vida. Um dia, pressentindo a chegada da morte, chamou seu único filho (que o sucederia no trono), tirou um anel do dedo e o entregou a ele, dizendo: "Meu filho, quando fores rei, leva sempre contigo este anel. Nele, há uma inscrição. Quando viveres situações extremas de glória ou de dor, retira-o e lê o que há nele".

O rei morreu, e o seu filho passou a reinar em seu lugar, sempre usando o anel que o pai o deixara. Passado algum tempo, surgiram conflitos com um reino vizinho, que culminaram numa terrível guerra. À frente de seu exército, o jovem rei partiu para enfrentar o inimigo.

No auge da batalha, seus companheiros lutavam bravamente; mortos, feridos, tristeza, dor, e o rei se lembrou, então, do anel. Tirou-o do dedo e leu a inscrição: "Isto também passará". E continuou na luta. Perdeu batalhas, venceu outras tantas, mas ao final se saiu vitorioso. Retornou, então, ao seu reino e, coberto de glória, entrou em triunfo na cidade. O povo o aclamou, chamando-o de herói.

Nesse momento, se lembrou do seu velho e sábio pai. Tirou o anel e leu: "Isto também passará".

A vida é feita de polaridades: só existe o calor, porque existe o frio; só existe a noite, porque existe o dia; só existe a claridade, porque existe a escuridão; só existe a alegria, porque existe a tristeza; só existe a glória, porque existe a derrota.

Um homem sábio aprende com os momentos de dor e comemora suas bênçãos. Em ambas as situações aprenda a agradecer, porque os dois lados da polaridade estão colaborando com o seu crescimento.

REPITA COMIGO:
A GRATIDÃO TRANSFORMA

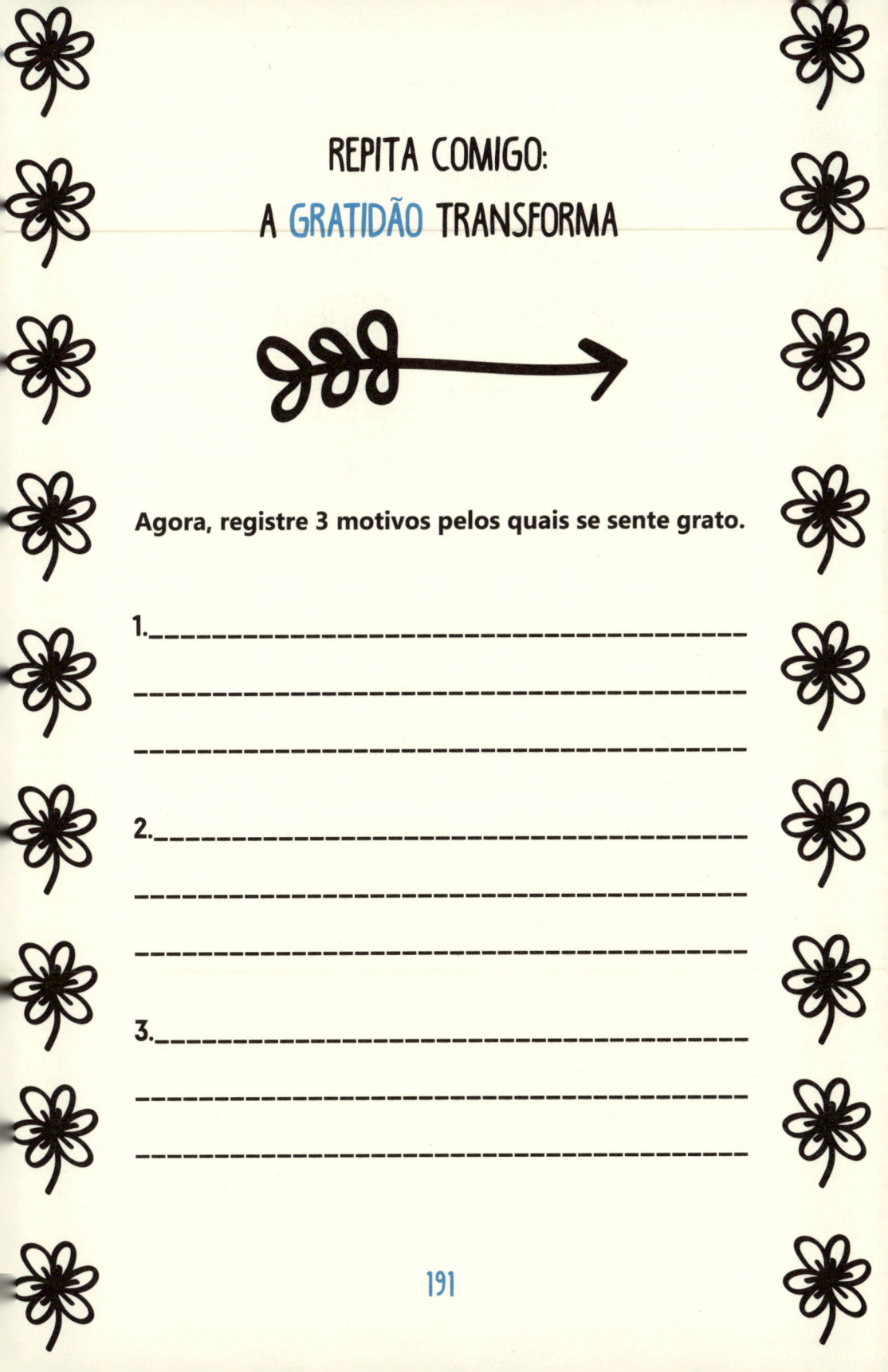

Agora, registre 3 motivos pelos quais se sente grato.

1. _____
_____
_____

2. _____
_____
_____

3. _____
_____
_____

77º DIA

A REALIZAÇÃO NO TRABALHO PODE SER UMA ESCOLHA

Você conhece o ditado: "Macaco velho não bota a mão em cumbuca"?

Ele surgiu em função de um método antigo, utilizado por caçadores de macacos que abrem um pequeno buraco num coco, colocam uma banana dentro, e o enterram. Com fome, o macaco sente o cheiro da banana e apanha o coco. Ele coloca a mão na abertura, pega a banana, mas não consegue tirá-la, porque sua mão fechada não passa pela abertura. Em vez de largar a fruta, o macaco fica ali, lutando contra o impossível, até ser agarrado.

Daí o ditado: "Macaco velho não bota a mão em cumbuca".

O incrível é que essa teimosia não acontece apenas com os macacos. Ao longo dos meus 28 anos de trajetória profissional desenvolvendo pessoas, tenho visto muita gente insatisfeita com o trabalho, mas que insiste em continuar no emprego.

É o famoso: "Tá ruim, mas tá bom" ou "Tô na merda, mas tá quentinho".

Se você não está feliz com o seu trabalho, descubra novas possibilidades; não fique como o macaco, preso a uma banana, esperando a morte chegar.

E a melhor maneira de novas oportunidades surgirem é aprendendo a agradecer pelo que possui hoje.

Honre o seu atual emprego, no lugar de reclamar, e outras portas vão se abrir, você vai ver!

REPITA COMIGO: A GRATIDÃO TRANSFORMA

Agora, registre 3 motivos pelos quais se sente grato.

1._____

_____

_____

2._____

_____

_____

3._____

_____

_____

78º DIA

VOCÊ SE CASARIA COM O PRIMEIRO CANDIDATO?

Imagine chegar no meio da rua e dizer: "Decidi casar". O primeiro homem que passar aqui na frente de casa será meu marido.

Pois tem gente que escolhe emprego assim, o que é tão sério quanto, já que muitos trabalhos duram mais do que casamentos.

E, como a chance de ter feito a melhor escolha logo na primeira vez é muito pequena, o que virá a seguir serão anos de infelicidade.

Então, o que fazer? Aprenda a valorizar e agradecer as oportunidades que surgem na sua vida, e também comece a agradecer pelas coisas que você deseja que se materializem em seu futuro. Agradeça como se elas já fossem reais. Você verá quantas portas começarão a se abrir de hoje em diante.

REPITA COMIGO:
A GRATIDÃO TRANSFORMA

Agora, registre 3 motivos pelos quais se sente grato.

1._____
_____
_____

2._____
_____
_____

3._____
_____
_____

79º DIA

HÁ SEMPRE UMA SAÍDA

Certa vez, um homem foi acusado de um crime que não cometeu, e ele sabia que tudo seria feito para condená-lo.

O juiz simulou um julgamento justo, fazendo, ao final, uma proposta ao acusado: "Vou escrever em um pedaço de papel a palavra 'inocente', e em outro, a palavra 'culpado'. Você sorteia um dos papéis e aquele que pegar será o seu veredito."

Sem o acusado perceber, o juiz escreveu nos dois papéis a palavra "culpado", de maneira que, naquele instante, não existiria nenhuma chance de o acusado se livrar da forca. Não havia saída; não havia alternativas para o pobre homem.

O juiz colocou os dois papéis em uma mesa e mandou o acusado escolher. O homem pensou alguns segundos e, pressentindo a armadilha, pegou um dos papéis e, rapidamente, colocou-o na boca e o engoliu.

"Mas o que você fez, homem?! E agora?", disse o juiz. "Como vamos saber qual foi o seu veredito?"

"É muito fácil", respondeu o acusado. "Basta olhar o papel que sobrou e saberemos que acabei engolindo o seu contrário." Imediatamente, o homem foi libertado.

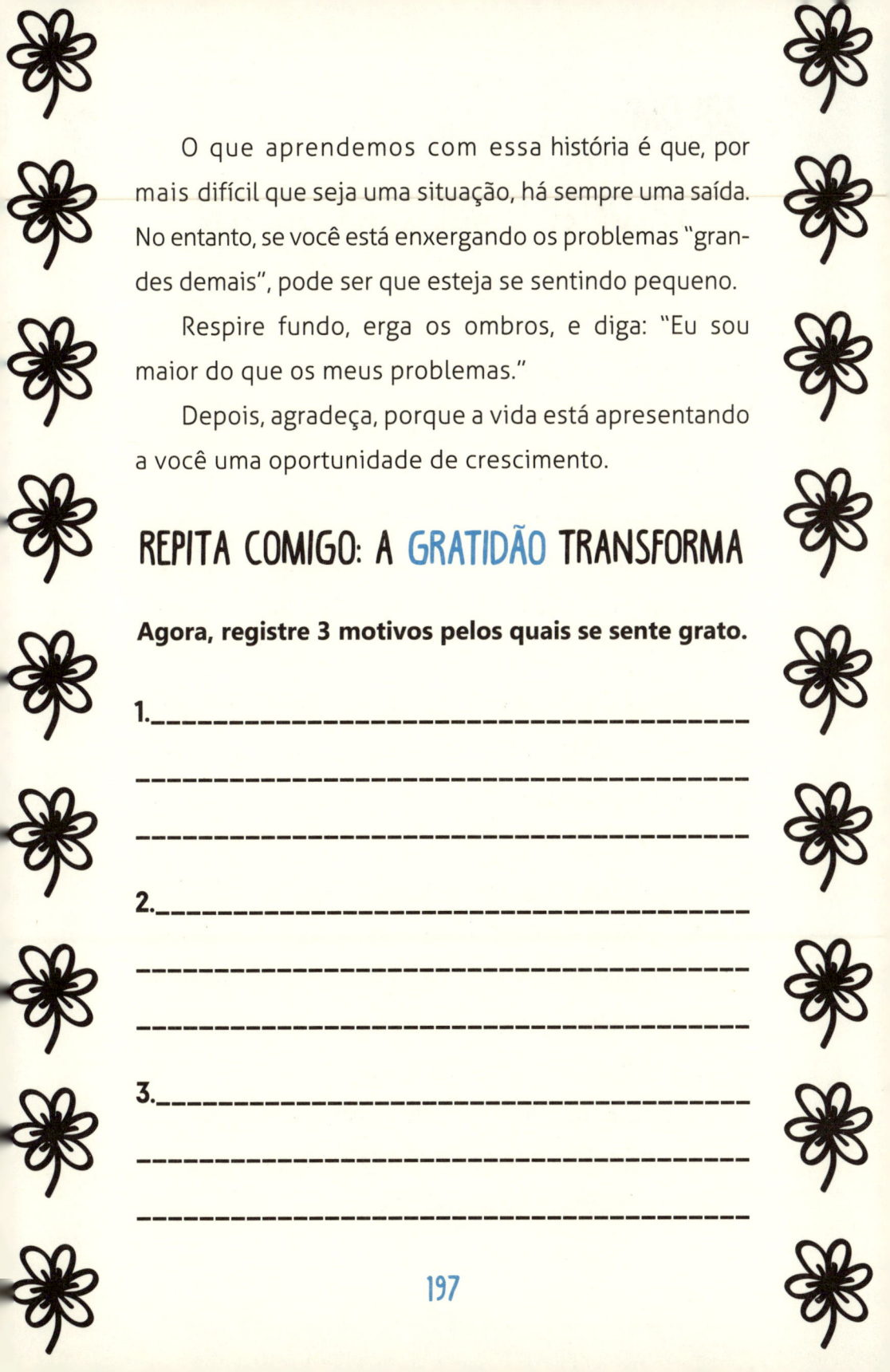

O que aprendemos com essa história é que, por mais difícil que seja uma situação, há sempre uma saída. No entanto, se você está enxergando os problemas "grandes demais", pode ser que esteja se sentindo pequeno.

Respire fundo, erga os ombros, e diga: "Eu sou maior do que os meus problemas."

Depois, agradeça, porque a vida está apresentando a você uma oportunidade de crescimento.

REPITA COMIGO: A GRATIDÃO TRANSFORMA

Agora, registre 3 motivos pelos quais se sente grato.

1._____
_____
_____

2._____
_____
_____

3._____
_____
_____

80º DIA

VALORIZE O QUE VOCÊ JÁ TEM

Num pequeno vilarejo, em uma casa simples, limpa e bem-arrumada, vivia um homem com sua família: mulher, três filhos e a sogra. O homem sentia-se completamente infeliz, reclamava de tudo e de todos: dos filhos, da sogra, da casa, da esposa; nada o satisfazia.

Um dia, cansado de tanto sofrer, resolveu se aconselhar com o homem mais sábio do vilarejo. O sábio, então, disse: "Vá, meu filho, procure um bode e o coloque dentro de casa."

O homem se surpreendeu com aquele conselho, mas, diante da insistência do sábio, resolveu fazer o que ele sugeria. Passado algum tempo, o homem infeliz voltou ao sábio mais infeliz ainda, dizendo que a sua vida tinha ficado muito pior, que a sua casa, agora, estava suja, barulhenta, malcheirosa, insuportável. Então, perguntou o que deveria fazer, e o sábio disse: "Vá e tire o bode de sua casa."

E assim ele fez. Tamanho foi o alívio por se ver livre do animal que, a partir daquele dia, se transformou em um novo homem. Começou a descobrir e a valorizar uma porção de coisas simples, que sempre estiveram à sua volta e ele nunca tinha percebido.

Às vezes, somos capazes de valorizar o que possuímos somente quando perdemos. Você passa tanto tempo reclamando do que não está bom em sua vida que acaba se sentindo incapaz de valorizar o que já possui.

Que tal mudarmos essa equação sem precisar "colocar um bode em casa"? Agradeça agora!

REPITA COMIGO: A GRATIDÃO TRANSFORMA

Agora, registre 3 motivos pelos quais se sente grato.

1._____
_____
_____

2._____
_____
_____

3._____
_____
_____

81º DIA

PARA CONSERTAR O MUNDO, CONSERTE PRIMEIRO O HOMEM

Um diretor de jornal mandou que seu melhor jornalista escrevesse uma matéria sobre "como consertar o mundo" e deu a ele um prazo de três dias para cumprir a tarefa.

O jornalista foi trabalhar em casa, sabendo que precisava de total concentração para fazer uma matéria realmente inspiradora para os leitores. Acontece que o seu filho pequeno queria brincar com ele a todo custo, e não estava animado com a ideia de ter que esperar o artigo ficar pronto.

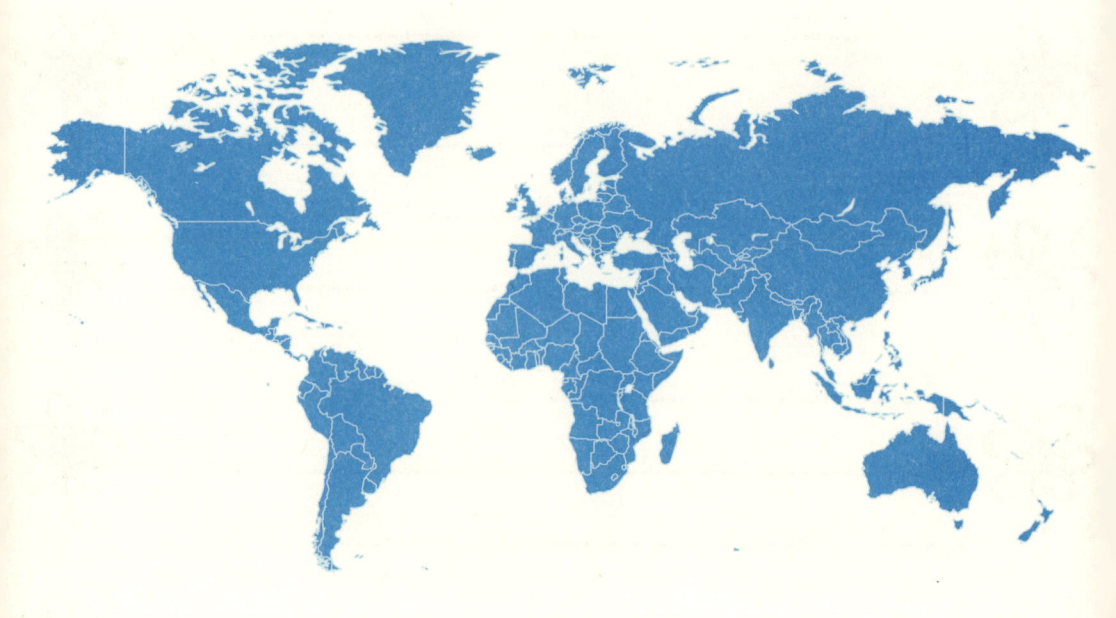

Para ganhar tempo, o pai fez o seguinte: pegou um velho mapa-múndi, rasgou-o em vários pedaços, deu na mão do garoto, e disse: "Assim que você montar novamente este mapa, vamos brincar juntos."

Com isso, o pai imaginou que havia garantido algumas horas de paz, porque a tarefa de remontar um mapa-múndi não era simples para o garoto. No entanto, não demorou quinze minutos, e o menino estava de volta, com o mapa completamente restaurado. Espantado, o pai exclamou: "Filho! Como você pôde, em tão pouco tempo, montar este mapa?"

E o garoto explicou: "Pai, é que atrás do mapa havia o desenho de um homem. Eu consertei o homem, e acabei consertando o mundo!"

Depois disso, o jornalista não teve mais dúvidas de como escrever o seu artigo.

Não podemos eliminar todos os problemas que vemos à nossa volta, mas somos capazes de ajudar as pessoas a melhorarem como seres humanos. Ao fazer isso, estamos transformando o mundo em um lugar melhor para se viver.

Agradeça pelas oportunidades diárias que a vida dá a você de fazer a diferença na vida de alguém.

REPITA COMIGO: A GRATIDÃO TRANSFORMA

Agora, registre 3 motivos pelos quais se sente grato.

1._____

_____

_____

2._____

_____

_____

3._____

_____

_____

82º DIA

PALAVRAS COMOVEM, EXEMPLOS ARRASTAM

Napoleão Bonaparte foi, sem dúvida, um dos maiores líderes que o mundo já conheceu. Certa vez, seu exército estava se preparando para uma de suas maiores batalhas. As forças adversárias tinham um contingente três vezes maior que o das tropas de Napoleão, além de um equipamento muito superior.

Napoleão avisou os generais que também estava indo para a frente de batalha, e eles procuraram convencê-lo a mudar de ideia: "Comandante, o senhor é o império. Se morrer, o império deixará de existir. A batalha será muito difícil. Deixe que nós cuidaremos de tudo. Por favor, fique. Confie em nós."

No entanto, nada fez Napoleão mudar de ideia. No meio da noite, o general Junot, um de seus brilhantes auxiliares (e também amigo), o procurou e, de novo, tentou mostrar o perigo de ele ir para a frente da batalha. Napoleão o olhou com firmeza, e disse: "Não tem jeito, eu vou."

"Mas por que, comandante?"

E Napoleão respondeu: "É mais fácil puxar do que empurrar." *(dizem as más línguas que ele falou: "Macarrão não se empurra, se puxa.")*.

Quer mesmo provocar mudanças nas pessoas à sua volta? Então, seja exemplo, e agradeça por todas as oportunidades que a vida dá.

REPITA COMIGO: A GRATIDÃO TRANSFORMA

Agora, registre 3 motivos pelos quais se sente grato.

1._____
_____
_____

2._____
_____
_____

3._____
_____
_____

83º DIA

O SEU VALOR É MAIOR DO QUE AS ADVERSIDADES

Certo dia, um famoso conferencista começou sua palestra segurando uma nota de 50 reais. Ele perguntou à plateia: "Quem quer esta nota de 50 reais?"

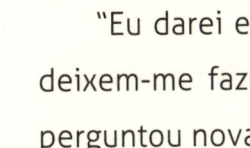

Mãos começaram a se erguer.

"Eu darei esta nota a um de vocês, mas, primeiro, deixem-me fazer isto!" Então, ele amassou a nota, e perguntou novamente: "Quem ainda quer esta nota?"

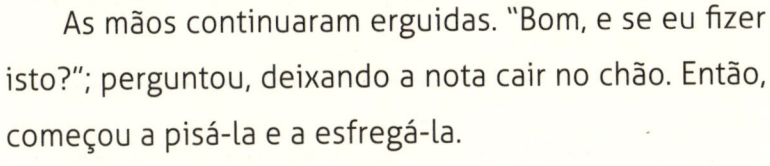

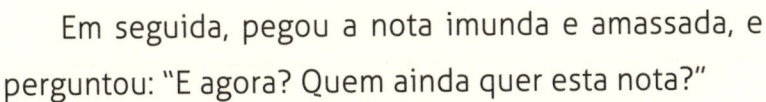

As mãos continuaram erguidas. "Bom, e se eu fizer isto?"; perguntou, deixando a nota cair no chão. Então, começou a pisá-la e a esfregá-la.

Em seguida, pegou a nota imunda e amassada, e perguntou: "E agora? Quem ainda quer esta nota?"

Todas as mãos permaneceram erguidas.

"Meus amigos, aprendam esta lição. Não importa o que eu faça com o dinheiro, vocês ainda vão querer esta cédula, porque ela não perde o valor, ela sempre valerá 50 reais. Isso também acontece conosco. Muitas vezes, na vida, somos amassados, pisoteados e ficamos sujos, por decisões que tomamos ou pelas circunstâncias com as quais nos deparamos no caminho. E, assim, nos sentimos desvalorizados, sem importância. Porém, creiam: não importa o que aconteceu ou acontecerá, jamais perdemos o nosso valor. Quer estejamos sujos, limpos, amassados ou inteiros, nada disso altera a importância que temos: o nosso valor."

Agradeça por quem você já foi, pela pessoa que se tornou, e por quem será no futuro. Honre a sua história, valorize os seus acertos, e até os seus erros, porque eles foram oportunidades de aprendizado em sua vida.

REPITA COMIGO: A GRATIDÃO TRANSFORMA

Agora, registre 3 motivos pelos quais se sente grato.

1._____

_____

_____

2._____

_____

_____

3._____

_____

_____

84º DIA

NOVOS DESAFIOS RENOVAM ENERGIAS

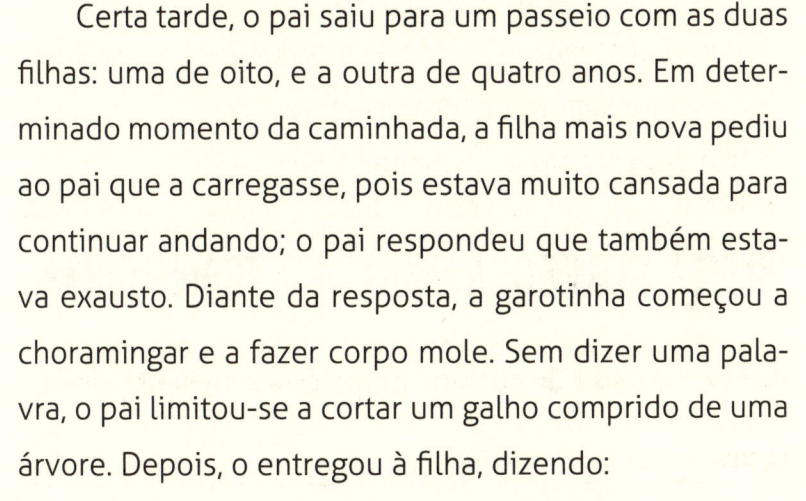

Certa tarde, o pai saiu para um passeio com as duas filhas: uma de oito, e a outra de quatro anos. Em determinado momento da caminhada, a filha mais nova pediu ao pai que a carregasse, pois estava muito cansada para continuar andando; o pai respondeu que também estava exausto. Diante da resposta, a garotinha começou a choramingar e a fazer corpo mole. Sem dizer uma palavra, o pai limitou-se a cortar um galho comprido de uma árvore. Depois, o entregou à filha, dizendo:

"Olhe aqui um cavalinho para você montar, filha! Ele irá ajudá-la a seguir em frente."

A menina parou de chorar e pôs-se a cavalgar o galho tão rápido que chegou em casa antes dos outros. Ficou tão encantada com seu cavalo de pau que foi difícil fazê-la parar de galopar. A irmã mais velha ficou intrigada com o que viu, e perguntou ao pai como entender a atitude da irmã. O pai sorriu e respondeu:

"Assim é a vida, minha filha. Às vezes, estamos física e mentalmente cansados, certos de que é impossível continuar, mas, então, encontramos um 'cavalinho' qualquer que nos dá ânimo outra vez. Esse cavalinho pode ser um novo desafio, uma nova oportunidade no trabalho, o importante é nunca se deixar levar pela preguiça ou pelo desânimo."

E eu vou contar qual é o cavalinho mais rápido, preparado e capaz de dar toda motivação que você necessita para seguir adiante: é a gratidão.

Então, exercite-a, diariamente.

REPITA COMIGO: A GRATIDÃO TRANSFORMA

Agora, registre 3 motivos pelos quais se sente grato.

1._____
_____
_____
_____

2._____
_____
_____

3._____
_____
_____

85º DIA

CUIDADO PARA NÃO RECLAMAR DE ERROS QUE VOCÊ COMETE

Certa vez, em uma cidade do interior, um padeiro foi ao delegado e deu queixa do vendedor de queijos, que, segundo ele, estava roubando, pois vendia 800 gramas de queijo como se fosse 1 quilo.

O delegado pegou o queijo de 1 quilo e constatou que, de fato, ele só pesava 800 gramas. Mandou, então, prender o vendedor de queijos, sob a acusação de estar adulterando a balança.

Ao ser notificado da acusação, o vendedor de queijos confessou ao delegado que não tinha peso em casa, e que, por isso, todos os dias, comprava dois pães (de meio quilo cada), colocava-os em um prato da balança e o queijo em outro. Quando o fiel da balança se equilibrava, então sabia que tinha 1 quilo de queijo.

Para tirar a prova, o delegado mandou comprar dois pães na padaria do acusador, e constatou que dois pães de meio quilo não equivaliam a 1 quilo de queijo. O delegado concluiu, então, que quem estava fraudando o cliente era o mesmo que estava acusando o vendedor de queijos.

Quantas vezes olhamos a sujeira no quintal do vizinho e esquecemos que também cometemos grandes falhas, não é mesmo?

Que tal diminuir a reclamação, a crítica e o julgamento a partir de hoje? E no lugar de tudo isso colocar a gratidão?

REPITA COMIGO: A GRATIDÃO TRANSFORMA

Agora, registre 3 motivos pelos quais se sente grato.

1._____
_____
_____

2._____
_____
_____

3._____
_____
_____

86º DIA

COMPROMETA-SE COM A SOLUÇÃO

Um dia, um comerciante encontrou três homens que se lamentavam por mal terem o que dar de comer às suas famílias, que passavam necessidades, e os filhos estavam mal alimentados. Sensibilizado, o comerciante quis ajudá-los, e disse que os daria um saco com farinha, outro com pães e outro com sementes de trigo.

O homem mais afoito foi logo pegando o saco com pães, e correu para casa. O outro escolheu o saco com farinha, e agradeceu, saindo apressado. Já o terceiro ficou radiante com o que sobrou, e disse: "Estou feliz, pois sou o único dos três que não precisará mais voltar aqui."

Ou seja, foi o único que resolveu de vez a sua situação e a dos filhos.

Quando falamos em comprometimento com a qualidade e melhoria contínua, pensamos em algo duradouro. Comprometer-se não é pensar só no momento, mas levar aquilo a que se propôs até o fim. É como plantar sementes para depois colher.

Você precisa de atitudes comprometidas consigo mesmo, com as pessoas à sua volta, com o mundo, para fazer a diferença no Universo.

Faça isso, e siga agradecendo pelas oportunidades que ainda surgirão em sua vida.

REPITA COMIGO:
A GRATIDÃO TRANSFORMA

Agora, registre 3 motivos pelos quais se sente grato.

1._____
_____
_____

2._____
_____
_____

3._____
_____
_____

87º DIA

ENCONTRE MOTIVOS PARA SER FELIZ AGORA

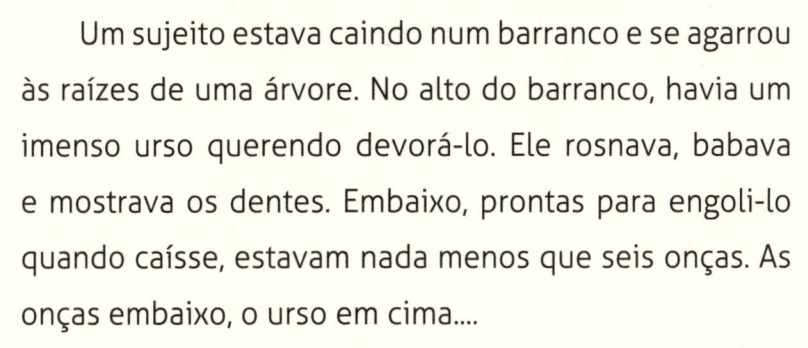

Um sujeito estava caindo num barranco e se agarrou às raízes de uma árvore. No alto do barranco, havia um imenso urso querendo devorá-lo. Ele rosnava, babava e mostrava os dentes. Embaixo, prontas para engoli-lo quando caísse, estavam nada menos que seis onças. As onças embaixo, o urso em cima....

Sentindo-se perdido, o homem olhou para o lado e viu um lindo morango vermelho. Num esforço supremo, sustentou-se apenas com a mão direita, e com a esquerda, pegou o morango. Então, levou-o à boca e deliciou-se com o sabor doce e suculento da fruta. Foi um prazer supremo comer aquele morango.

Então, você pergunta: "Mas e o urso?". Ora, dane-se o urso, e coma o morango! "E as onças?" Esqueça as onças, e coma o morango! Sempre existirão ursos querendo nos devorar a cabeça, e onças prontas para arrancar os nossos pés. Ainda assim, precisamos saber sempre comer o morango.

Talvez você tenha a tentação de pensar: "Mas eu tenho tantos problemas para resolver..."

Os problemas não o impedem de ser feliz. Coma o morango e agradeça por eles. Saboreie os bons momentos, não os deixe para depois. O melhor momento para ser mais produtivo e feliz é agora!

E quer saber? Agradeça até pelo urso e pelas onças, porque eles o ajudam a valorizar os morangos. E, por falar nisso, você já agradeceu hoje?

REPITA COMIGO: A GRATIDÃO TRANSFORMA

Agora, registre 3 motivos pelos quais se sente grato.

1._____

_____

_____

2._____

_____

_____

3._____

_____

_____

88º DIA

FIQUE ATENTO, POIS A AJUDA VIRÁ

Um dia, um homem recebeu um aviso de Deus, dizendo que haveria uma enchente, mas que ele ficasse tranquilo, pois a sua vida seria poupada, que não corria perigo. Meses depois, começou de fato a chover forte, e o homem logo se lembrou da mensagem, confiante, porém, de que nada o aconteceria. A chuva continuou intensa por vários dias, até que veio a enchente.

Os moradores começaram a abandonar suas casas e o chamaram para ir junto. No entanto, ele se negou a ir, alegando que Deus iria salvá-lo. As águas continuaram subindo, e um grupo de pessoas foi até lá, em um barco, pedindo que ele entrasse na embarcação, porém, novamente, se recusou, dizendo que Deus o salvaria. As águas continuaram a subir. Veio, então, um helicóptero para resgatá-lo e, mais uma vez, o homem se negou a ser salvo. Não passou muito tempo, ele acabou morrendo afogado.

Ao chegar no céu, indignado, foi tirar satisfação com Deus. Reclamou: "Por que o Senhor me deixou morrer, se havia prometido me salvar?" E Deus respondeu: "Mas bem que tentei salvá-lo! Por três vezes seguidas mandei auxílio, e você recusou todos eles."

Quando estamos focados nas nossas reclamações, deixamos de perceber as bênçãos e as oportunidades que aparecem ao nosso redor o tempo todo. A mente não consegue se ocupar de duas emoções opostas ao mesmo tempo: ou você está feliz, ou triste; ou está grato, ou insatisfeito. E, dependendo do estado emocional que rege a sua vida, suas atitudes e, consequentemente, seus resultados, serão completamente diferentes.

Olhe em volta, veja os presentes que a vida e Deus estão enviando para você, e agradeça.

REPITA COMIGO: A GRATIDÃO TRANSFORMA

Agora, registre 3 motivos pelos quais se sente grato.

1._____
_____
_____

2._____
_____
_____

3._____
_____
_____

89º DIA

PARE DE RECLAMAR E VALORIZE O QUE POSSUI

Certa vez, um homem encontrou um rapaz muito triste, sentado à beira da estrada. Com pena dele, perguntou: "Por que tanta tristeza, meu jovem?"

"Ah, senhor, não existe nada interessante na minha vida. Tenho dinheiro suficiente para não precisar trabalhar, e estava viajando para ver se descobria alguma coisa curiosa no mundo. Entretanto, todas as pessoas que encontrei nada têm de novo para me dizer, e só aumentam o meu tédio."

Na mesma hora, o homem agarrou a mala do rapaz e saiu correndo pela estrada. Quando se distanciou bastante, colocou novamente a mala no meio da estrada por onde o rapaz passaria, se escondeu atrás de uma árvore. Depois de meia hora, o rapaz apareceu, sentindo-se mais miserável que nunca, por causa do ladrão que encontrara.

Assim que viu a mala, correu até ela. Ao perceber que seu conteúdo estava intacto, olhou para o céu e, cheio de alegria, agradeceu a Deus por tanta felicidade. Atrás da árvore, observando a cena, o homem refletiu: "Certas pessoas só sentem o sabor da felicidade quando a perdem".

Imagino que você concorda comigo que a ingratidão é uma atitude, no mínimo, inadequada. No entanto, fazemos isso o tempo todo; a cada momento que deixamos de valorizar os pequenos presentes que a vida nos dá, estamos sendo ingratos, como o rapaz de nossa história.

Que tal olhar à sua volta agora, observar os pequenos detalhes aí onde você está e começar a agradecer?

REPITA COMIGO: A GRATIDÃO TRANSFORMA

Agora, registre 3 motivos pelos quais se sente grato.

1._____

_____

_____

2._____

_____

_____

3._____

_____

_____

90º DIA

LIVRE-SE DE PESOS DESNECESSÁRIOS

Conta a lenda que um homem caminhava pela estrada, levando uma pedra numa mão e um tijolo na outra; nas costas, carregava um saco de areia. No caminho, encontrou uma pessoa que perguntou:

"Você parece tão cansado! Por que está carregando essa pedra pesada na mão?"

"Estranho", respondeu o viajante. E continuou: "mas eu nunca tinha reparado que a estava carregando."

Então, jogou fora a pedra e se sentiu muito melhor. Em seguida, passou outra pessoa e o questionou: "Diga-me, viajante, por que está carregando esse saco de areia nas costas?"

"Nossa, eu nem tinha percebido que estava carregando este peso."

Um por um, os passantes foram avisando o homem sobre suas cargas desnecessárias, e ele foi abandonando uma a uma. Por fim, tornou-se um homem livre, leve, e caminhou com muito mais facilidade.

Qual era, na verdade, o problema dele? A pedra e o saco de areia? Não, o seu problema estava na falta de consciência sobre a existência deles. Uma vez que viu que eram cargas desnecessárias, livrou-se de tudo bem depressa, e já não se sentiu mais tão cansado.

E você, que cargas desnecessárias tem carregado ao longo da vida sem perceber? Talvez seja por isso que, nos últimos anos, tem se sentido tão cansado! Essas cargas roubam a sua energia, destruindo sua alegria de viver. Quem sabe, você esteja cultivando pensamentos negativos, carregando culpas, mágoas e falta de perdão? É possível que seja prisioneiro de velhas crenças limitantes e sabotadoras ou, simplesmente, adquirido o hábito de reclamar.

Todos nós temos algum tipo de carga especial, capaz de roubar a nossa energia. Quanto mais cedo nos livrarmos dela, mais cedo estaremos livres para conquistar a vida que desejamos e merecemos.

E sabe qual é a melhor ferramenta para se livrar das cargas desnecessárias? A gratidão.

Então, trate de praticá-la todos os dias, inúmeras vezes, e tudo em sua vida se transformará.

REPITA COMIGO:
A GRATIDÃO TRANSFORMA

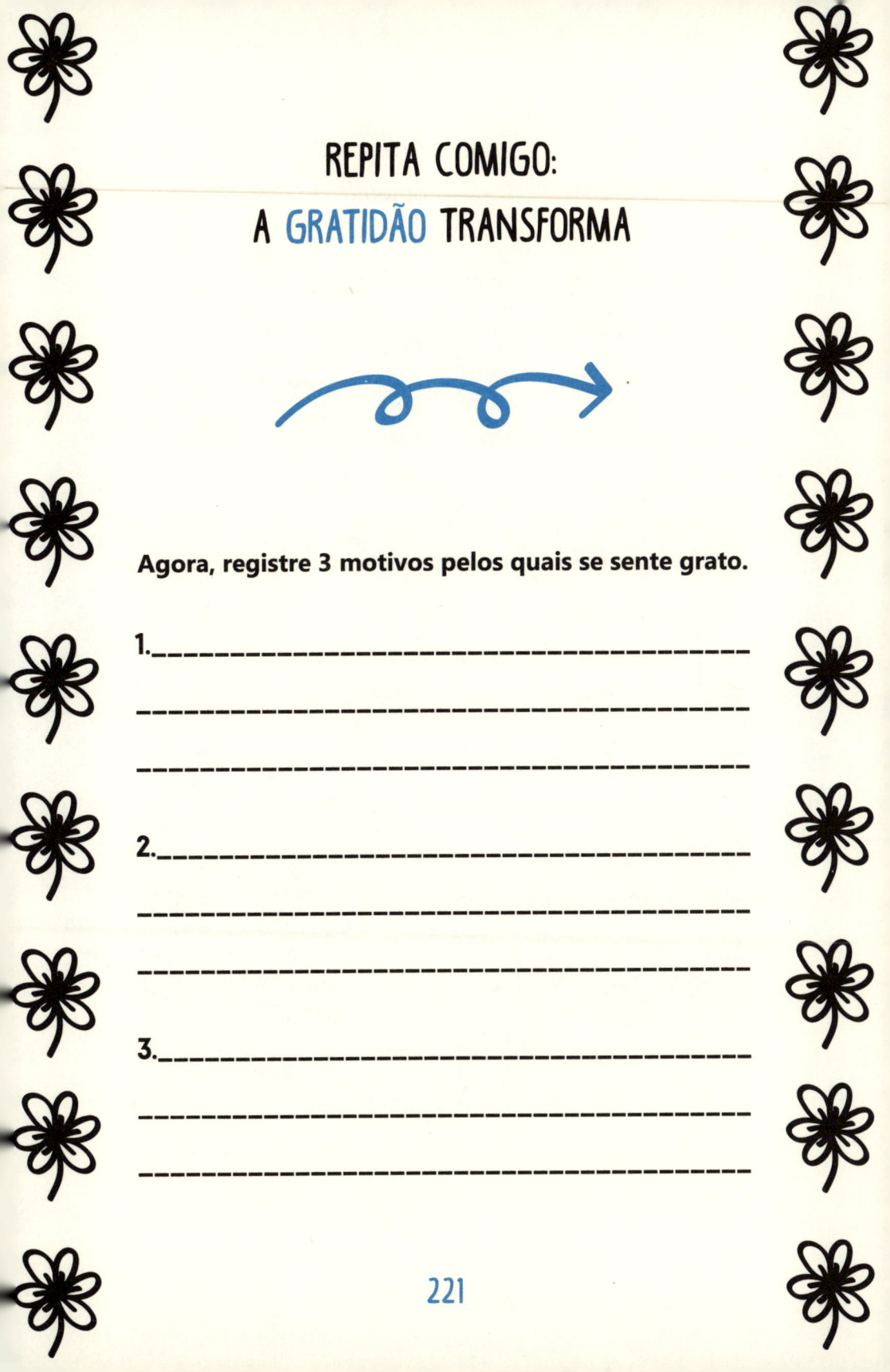

Agora, registre 3 motivos pelos quais se sente grato.

1._____
_____
_____

2._____
_____
_____

3._____
_____
_____

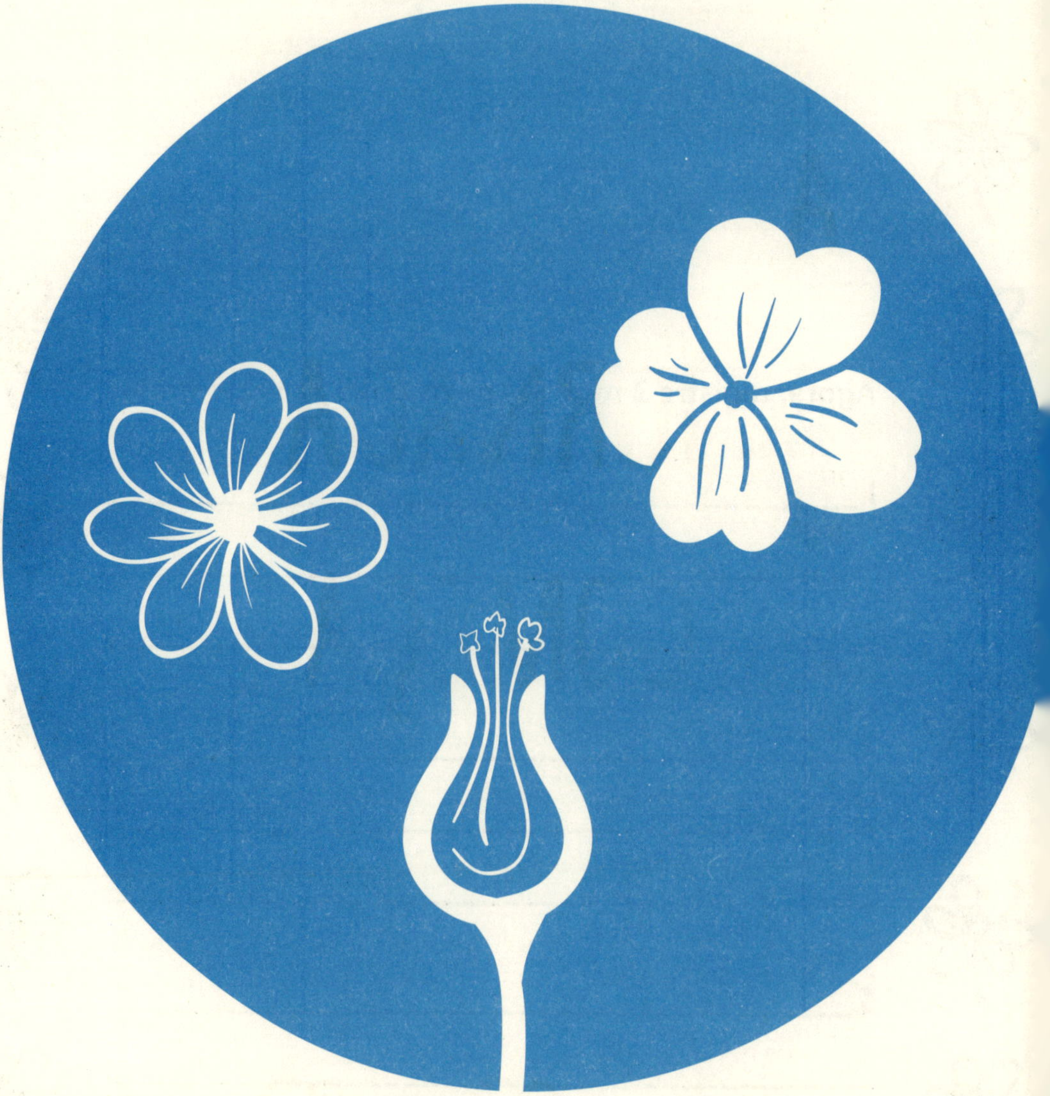

A VERDADEIRA JORNADA COMEÇA AGORA

PARABÉNS! VOCÊ CHEGOU AO FINAL DE NOSSA JORNADA ABENÇOADA dos 90 dias do Minuto da Gratidão. É incrível como apenas um ou dois minutos por dia da prática da gratidão, realizados com constância e propósito, podem modificar completamente as nossas vidas, não é mesmo?

Tenho certeza de que você recebeu muitos presentes da vida neste período e, muito provavelmente, até os seus familiares usufruíram dos benefícios da sua transformação.

Então, não consigo encontrar um único motivo para impedí-lo de seguir adiante nesta prática que se mostrou tão benéfica. Minha sugestão é que você recomece a jornada por mais 90 dias, e repita quantas vezes desejar.

Você aprendeu o caminho para conduzir sua trajetória com mais leveza, **valorizando as coisas** que são realmente importantes, e vibrando na frequência certa, para construir tudo o que deseja e merece.

Agora, é importante continuar fazendo da gratidão seu estilo de vida para que as bênçãos não parem de chegar. E, se alguma área não estiver caminhando bem, **coloque uma dose extra de gratidão**. Rapidamente, você irá perceberá que as coisas voltarão para o fluxo da felicidade e abundância.

Eu acredito em um Deus que adora dar presentes, e se eles não estão chegando, talvez seja porque, sem perceber, você está mantendo a porta do coração trancada. No entanto, a chave para abrir essa porta está em suas mãos, e você a exercitou durante 90 dias. O nome dela, você já sabe: gratidão. E bastam apenas alguns minutos por dia para que a mágica aconteça.

Quero me despedir, agradecendo a você que ingressou comigo nessa abençoada jornada. Considero que a minha missão pessoal seja ajudar pessoas a se transformarem nos melhores seres humanos que puderem, e sinto-me grata pela confiança depositada em mim nesses 90 dias que passamos juntos, unidos por estas páginas.

Não quero que a nossa despedida seja um adeus. Convido-o a participar do **Portal da Gratidão**, a maior comunidade *on-line* da gratidão, de todo o mundo, onde você terá acesso a conteúdos semanais para seguir com a sua jornada de crescimento. O *link* para saber mais sobre o portal, e tornar-se um guardião da gratidão, é: **www.agratidaotransforma.com/oguardiao**

Agradeço à minha carinhosa audiência, e aos meus leitores, que ajudam a divulgar o meu trabalho, compartilhando *e-mails*, *posts*, vídeos, palestras e artigos nas redes sociais.

Sou grata por meus amigos e familiares, que me acompanham e me amam incondicionalmente, mesmo nos dias em que a Marcia Luz está mais para Marcia "Trevas".

E, finalmente, agradeço a Deus, que me chamou para uma missão tão especial, me dando forças e inspiração para cumpri-la, me carregando no colo quando estou cansada, me perdoando quando piso na bola, me proporcionando a liberdade de fazer escolhas e curando as minhas feridas quando erro o caminho.

Definitivamente, os minutos mais bem aproveitados dos nossos dias são aqueles que dedicamos a exercitar a gratidão. Ela tem transformado a minha vida e tenho certeza de que continuará fazendo o mesmo por você, hoje e sempre!

BIBLIOGRAFIA CONSULTADA

ADAMS, C. *Terapia da Gratidão*. São Paulo: Paulus, 2002.

BYRNE, R. *A Magia*. Rio de Janeiro: Sextante, 2015.

NABUCO, C. Perdão, otimismo e tolerância reduzem o risco de infarto. Cultivar a espiritualidade e a paz interior pode ser uma estratégia eficaz contra as doenças do coração. *Revista Claudia*, São Paulo, Editora Abril, novembro, 2018. Disponível em: <https://claudia.abril.com.br/saude/perdao-otimismo-e-tolerancia-reduzem-o-risco-de-infarto/>.

COVEY, S. *Os 7 hábitos das pessoas altamente eficazes*. São Paulo: Best Seller, 2009.

FRANCO, D. *Psicologia da Gratidão*. Salvador: Leal, 2011.

FRANKL, V. E. *Em busca de Sentido*. 2. ed. Petrópolis: Vozes, 1991.

GIMENES, B. *O Criador da Realidade*. Nova Petrópolis: Luz da Serra, 2010.

KELLY, M. *Os sete níveis da intimidade*. Rio de Janeiro: Sextante, 2007.

LUZ, M. *Agora é pra valer*. São Paulo: DVS, 2012.

_____. *A Gratidão Transforma*. São Paulo: DVS, 2016.

_____. *A Gratidão Transforma a sua Vida Financeira*. São Paulo: DVS, 2017.

_____. *A Gratidão Transforma a sua Saúde*. São Paulo: DVS, 2017.

_____. *A Gratidão Transforma os seus Pensamentos*. São Paulo: DVS, 2017

_____. *Coach Palestrante*. São Paulo: DVS, 2017.

_____. *O Milagre da Gratidão*. São Paulo: Novo Século, 2017.

NORVILLE, D. *De bem com a Vida*. Rio de Janeiro: Ediouro, 2018.

RAMIREZ, P. Bastam 66 dias para mudar um hábito. O cérebro se reorganiza constantemente se temos interesse em fazê-lo. *El País*, Prisa, Madrid, julho de 2015. Disponível em: <https://brasil.elpais.com/brasil/2015/07/01/eps/1435765575_333302.html>.

ROBBINS, T. *O Jogo do Dinheiro*: domine os 7 passos para a sua independência financeira. Lisboa: Lua de Papel, 2016.

THALMANN, Y. *Caderno de Exercícios de Gratidão*. Petrópolis: Vozes, 2015.

SOBRE A AUTORA: MARCIA LUZ

Psicóloga, Pós-graduada em Administração de Recursos Humanos, Especializada em Gestal-terapia, Mestre em Engenharia de Produção e Doutora em Filosofia da Administração defendendo a tese da Gratidão.

Palestrante e *Coach* Executiva e Pessoal, formada pelo *Integrated Coaching Institute* (ICI), com curso certificado pelo *International Coaching Federation* (ICF).

Autora dos livros:

- ✓ Lições que a Vida Ensina e a Arte Encena;
- ✓ Outras Lições que a Vida Ensina e a Arte encena;
- ✓ Construindo um Futuro de Sucesso;
- ✓ Agora é pra Valer;
- ✓ A Gratidão Transforma;
- ✓ A Gratidão Transforma a sua Vida Financeira;
- ✓ A Gratidão Transforma a sua Saúde;
- ✓ A Gratidão Transforma os seus Pensamentos;
- ✓ O Milagre da Gratidão;
- ✓ *Coach* da Gratidão Financeira;
- ✓ *Coach* Palestrante.

Sócia-Presidente da Plenitude Soluções Empresariais Ltda.; é idealizadora e organizadora do COMGRATIDÃO – 1º Congresso Mundial da Gratidão *on-line*, que reuniu 90 mil participantes.

CONTATO: EMPRESA@MARCIALUZ.COM.BR / WWW.MARCIALUZ.COM

Transformação pessoal, crescimento contínuo, aprendizado com equilíbrio e consciência elevada. Essas palavras fazem sentido para você?
Se você busca a sua evolução espiritual, acesse os nossos sites e redes sociais:

Luz da Serra Editora no **Instagram**:

Luz da Serra Editora no **Facebook**:

Conheça também nosso **Selo MAP – Mentes de Alta Performance**:

No **Instagram**:

No **Facebook**:

Conheça todos os nossos livros acessando nossa **loja virtual**:

Conheça os sites das outras empresas do Grupo Luz da Serra:

luzdaserra.com.br

iniciados.com.br

luzdaserra

Luz da Serra®
EDITORA

Rua das Calêndulas, 62 – Juriti
Nova Petrópolis / RS – CEP 95150-000
Fone: (54) 99263-0619
E-mail: loja@luzdaserra.com.br